東北大学名誉教授
田中英道

聖徳太子は暗殺された

ユダヤ系蘇我氏の挫折

育鵬社

はじめに

本書では、聖徳太子の暗殺について考察していきます。はじめに本書の概要を、かいつまんで紹介しましょう。

太子の暗殺に大きくかかわっているのが蘇我馬子《そがのうまこ》ですが、蘇我稲目《そがのいなめ》から始まる蘇我氏四代は、実は日本を変えようとした一族、つまり日本をキリスト教化しようとした一族でした。**第1章の「蘇我氏四代の先祖たち」**では、その蘇我氏の先祖である武内宿禰《たけのうちのすくね》について述べていきます。蘇我氏の祖先はローマから追放されたユダヤ人なのですが、実は彼らは仏教の名を借りて日本をキリスト教系の宗教国家にしようとしたのです。

拙著『京都はユダヤ人秦氏がつくった』（育鵬社）でも書きましたが、ほとんどの神社の創建はユダヤ人である秦氏です。つまり、ユダヤ人系は神道内にすでに入っていたわけですが、その神道に対して蘇我氏は新しく仏教を入れることによって、これまでの秦氏系と違い、キリスト教的なものを日本に入れようとしました。

蘇我氏四代が日本を変えようとしていた時期は、日本に多くのユダヤ人たちが流れ着いたのと同時期です。六世紀の古墳から、美豆良《みずら》をつけた鼻の高い人物をかたどったたくさんのユダヤ人埴輪が出てくることでもそれは実証されます。

蘇我氏には潜在的にキリスト教の概念があり、日本のキリスト教化を目論見、仏教の名を借りて日本を支配、変革しようとしていたのです。それを防ぎ止めたのがのちに触れる大化《たいか》の改新で、その後は天武《てんむ》天皇がそうしたユダヤ人の目論見を完全に断ち切る政治を行い、日本におけるユダヤ的なそれまでの動きをとどめました。それで完全に日本人の天皇による、日本人の政治が行われることになったわけです。

天皇家や聖徳太子自身も蘇我氏の子ですから、蘇我氏あるいはユダヤ人グループは日本に深く入り込んでいたわけです。それは日本にとっては中国や朝鮮ではなく、ユダヤ人の影響を強く受けていたという新しい事実なのです。

蘇我氏以前にも、日本の建国にかかわっていたユダヤ人系の秦氏がいます。特に古墳の造営の際の技術力やそれを支える財政力、経済力のほとんどは秦氏らユダヤ人がもってきたものです。日本の縄文時代には石材を処理する能力、あるいは鉄や絹などに関する技術はありませんでした。そうした技術力を日本にもたらし、財力をつくっていったのが秦氏なのです。

秦氏はユダヤ人が日本に同化していった例ですが、蘇我氏のように逆に日本をキリスト教化させようとしていた時代があったわけです。しかし、日本はそれを抑えて彼らを同化させるようにしたのです。

それまでの苦しい争いの過程で、聖徳太子という存在が政治家として、思想家として蘇我氏の野望を見事に切り抜けるための指針を出していたのです。本書では、その聖徳太子がなぜ殺されたのかについて述べていくわけですが、「なぜ殺されたか」を探ることは日本の歴史にとって非常に重要なことです。

第1章はこの蘇我氏一族の先祖といわれる武内宿禰の研究です。蘇我氏四代が天皇の下で、日本の指導的立場になぜ至ったのか。彼らをユダヤ人系の一族とするなら武内宿禰もまた同系であったのか。彼らの出自から検討し、結論の章につなげたいと思います。

第2章の「厩戸皇子《うまやどのおうじ》という名と蘇我馬子という名前」では、厩戸皇子という名と蘇我馬子という名について考察します。「蘇我」とは「我、蘇り」のことでキリストの再生を意味し、厩戸皇子は馬小屋で生まれたというキリストの符号ですから、蘇我氏がキリスト中心にしようとしていたことを示しているのです。「厩戸皇子」を聖徳太子の名として入れたことで、蘇我氏の考えがわかります。

つまり、蘇我氏の出自であるキリスト教ネストリウス派が日本にすでに六世紀に入っていたことを、それらの名前が示しているのです。古代ローマ帝国によってイスラエルから追い出されてディアスポラ（移民）となったユダヤ人は、完全に帰る場所をなくしました。この、「帰るところがなくなった」ということは非常に重要です。なぜなら、帰る国がないために日本に定着することになったからです。

ユダヤ人に限らず、メソポタミア人もペルシャ人もみんな日本にやって来ましたが、祖国を失ったユダヤ人は帰るところがないため日本に定着して暮らし、仕事をしていたのです。帰る国がある民族は徹底したディアスポラではないため、ユダヤ人に比べ団結力も弱いわけです。

特に、蘇我馬子の「馬子」という言葉は、馬を引いているユダヤ人のことです。群馬県の博物館に収蔵されている埴輪でもわかるように、「馬子」とは自分たちが馬をもってきた種族だという意味ですし、聖徳太子を厩戸皇子と呼ぶようにしたのは、厩戸つまり馬小屋の馬とかけているわけです。こうした名によって「自分たちはユダヤ人である」ということを示しているのです。

もちろん、彼らがユダヤ人であるとははっきり示されていません。しかし古墳から大量に出土しているユダヤ人埴輪を見れば、この埴輪のような服装をしていた人たちが日本に根づいていたことがわかります。

第3章の「丁未《ていび》の役——蘇我・物部氏の争い」では、仏教を入れようとした蘇我氏と反目した物部氏との戦いである「丁未の役」について話しますが、この争いで聖徳太子は蘇我氏に加担して勝利し、本格的に日本に仏教が取り入れられるようになりました。

蘇我馬子による崇峻《すしゅん》天皇の暗殺という、前代未聞である天皇の殺害について詳述するのが**第4章の「蘇我馬子による崇峻天皇の殺害」**です。一二六代の天皇の歴史のうち、天皇の殺害を企てた人物はいましたが、完全に暗殺を遂げた蘇我馬子が生きて何の咎《とが》めも受けていないことはたいへんな問題です。

しかし、『日本書紀』でも崇峻天皇の殺害について書いてありますが、あまり目立たないようにしています。天皇を殺害したのですから、すぐにでも処刑されて然るべきなのにされていないのはなぜなのか……それは蘇我馬子の権力がそれだけ強大だったのです。

崇峻天皇は馬子の娘を通しての子ですから、「我が子なのだから自分が殺しても許されるだろう」というくらいの強い権力意識をもっていたことになります。実際に蘇我氏には天皇の生死を左右できるくらいの力があった、ということがこの暗殺でわかるのです。

馬子が聖徳太子をキリストに仕立てようとしたことがわかるさまざまなエピソードを紹介するのが、**第6章「馬子はいかに聖徳太子をキリストにしたかったか」**です。

実は崇峻天皇の暗殺はそのための手段で、聖徳太子を早く天皇にするために暗殺したのではないかと私は推察しています。馬子が太子に厩戸皇子という名をつけたのは、聖徳太子をキリストにすることで日本をキリスト教化しようという考えがあったからにちがいありません。太子にキリストと似たようなさまざまなエピソードがあるのは、いわばその伏線といえるでしょう。

聖徳太子は日本に仏教を伝えた中国の僧・慧思《えし》（天台宗）の生まれ変わり、つまり仏教者として評価されていますが、太子のさまざまなエピソードを見ると、蘇我氏が太子をキリストに模そうとしていたことがわかるのです。


太子が馬子による日本のキリスト化に反発したことについては、**第7章の「聖徳太子の思想が馬子の謀略と対決した『三経義疏《さんぎょうぎしょ》』と『和』の思想」**で述べます。ここで馬子がなぜ太子を殺したのかの原因も探ります。

聖徳太子は、太子をキリストにしたかった馬子と対立します。ここが思想家としての聖徳太子の偉大さで、決して蘇我氏に従いませんでした。そうした太子の思想を、その著書『三経義疏』から紐解いていきます。

聖徳太子の仏教思想はその後の日本の仏教の性格を決定づけ、それ以後の空海、親鸞などあらゆる日本の仏教の思想家に影響を与え続けることになりましたが、キリスト教化を目論む馬子にとってそのようなことは許しがたいことだったのです。

第8章は「聖徳太子創建になる神社」で、太子が蘇我氏が嫌う、神道をいかに大切にしていたかを証拠立てる神社の創建の数々について語ります。まさに敵の物部氏の側と同じように、神社を一〇社以上つくっていたのです。

第9章は「法隆寺『釈迦三尊』の光背に刻まれた銘文の意味」を検討します。ここでは太子は病死となっていますが、果たしてそれは正しい記述であったでしょうか。

太子には六人の妻がいましたが、正式な皇太子妃は馬子の娘でした。しかし太子が愛したのは馬子の娘ではなく、膳大郎女《かしわでのおおいらつめ》でした。その太子の愛妻が、太子の亡くなる前日に急逝したのです。この記述は何を意味するでしょうか。

そして本書の大きなテーマが、**第10章の「聖徳太子は暗殺されたか――妃と太子の薨去日の一日のずれの意味」**です。聖徳太子が暗殺されたのは六二二年二月二二日で、その最愛の妃はその前日に亡くなっていますが、これらの死にはなんらかの陰謀があったと考えられます。

聖徳太子は天然痘で死んだといわれていますが、私は確実に暗殺されたと考えています。普通に考えれば、妃が殉死するにしても、太子の死を見届けてから死ぬというのが本来のあり方です。しかし妃が先に亡くなっていることが（しかも一日前に）、私は聖徳太子が暗殺されたことの証拠ではないかと考えているのです。

蘇我氏には「キリスト教を日本に広めるための一つの手段としての仏教である」という概念があるため、仏教だけを広めようとした太子は殺されたのです。その決定的な証拠は、殯《もがり》をやっていないということです。殯とは、葬儀を一か月以上やることで、皇太子であれば一年は執り行われます。しかし聖徳太子の場合いっさい行われず、次の日にすぐ埋葬されてしまいます。

これは、キリストにならず仏教だけ広めようと考えた太子の考えを馬子が知ったための所業ではないでしょうか。こうしたことを考察することで、聖徳太子暗殺について探っていきます。

第11章から第13章までは、聖徳太子に関わる三点の美術作品の検討です。これまで美術史家としてこの三点を詳しく研究してこなかったのですが、「我、蘇り」というキリストの姿を仏教的な作品として、また「唐本御影《とうほんみえい》」の意味を『天寿国繡帳《しゅうちょう》』や『玉虫厨子《たまむしのずし》』図から考察したものです。

さらに聖徳太子の息子・山背大兄王《やましろのおおえのおう》も蘇我氏によって暗殺されてしまいます。**第14章「蘇我入鹿《いるか》による山背大兄王一族の暗殺」**で取り上げますが、私はこの、蘇我入鹿による山背大兄王一族の暗殺の背景には、蘇我氏による山背大兄王つまり聖徳太子の息子をキリストに仕立てたかったという思惑があったのではないかと推察しています。それが失敗したため、山背大兄王一族は殺されてしまったのではないでしょうか。

聖徳太子が暗殺された六二二年から、六四三年の山背大兄王の暗殺まで約二〇年あります。この約二〇年のあいだに蘇我氏は太子の子孫をキリスト教徒にしようとしていたのではないか。その頃に秦氏がネストリウス派である蘇我氏の陰謀に気がついたと思われます。なぜなら六四三年に山背大兄王が殺されたとき、秦河勝《はたのかわかつ》が奈良を脱出しているからです。つまり、二つの暗殺の背景を知っている自分も殺されるのではないかと恐れたのではないでしょうか。

最後は自殺という形をとるにせよ、蘇我入鹿による山背大兄王の暗殺では二五人が殺されており、こうした蘇我氏による一連の暗殺がずっと展開していると私は見ているわけです。

天皇の系統に非常に深く入り込み、日本を変えるために崇峻天皇の暗殺や聖徳太子の暗殺という暴挙に出た蘇我氏の横暴に対する復讐として起きたのが、**第15章でお話**

しする「乙巳《いっし》の変――蘇我氏支配の終焉」です。それは蘇我入鹿暗殺という形であらわれます。

乙巳の変では、藤原鎌足《ふじわらのかまたり》（中臣《なかとみ》鎌足）とのちの天智《てんじ》天皇・中大兄皇子《なかのおおえのおうじ》の二人が相謀って入鹿暗殺を実行しました。これが蘇我氏の終焉となります。

乙巳の変は、日本の歴史にとっていちばんの転機でした。日本ではキリスト教信者は人口の約一パーセントですが、当時、もしキリスト教が深く入っていたとしたら、神道とどのように折り合うかはわかりませんが、やはりかなりの影響を与えたでしょう。そうなると、日本は独自の文化が育まれず、西欧のような国になってしまっていたのではないでしょうか。キリスト教化した日本はユダヤ人たちに支配され、ユダヤ人と同じ神を拝むようになるわけです。そうならずにすんだのは、乙巳の変で蘇我氏が滅んだからなのです。

中大兄皇子と藤原鎌足による蘇我入鹿の暗殺から始まったのが、大化の改新です。これは聖徳太子の政治思想の実現の試みといえるものでした。**第16章の「『大化の改新』とは何か――聖徳太子の政治思想の実現の試み」**では、そのことについてお話ししていきます。

天武天皇と持統天皇が計画されたあらゆること、たとえば『古事記』『日本書紀』の編纂や大宝律令による律令政治などの原形は、大化の改新によってはっきり意義づけられたのです。

大化の改新は現在、非常に軽視されていますが、大化の改新によって、日本はキリスト教化せずに仏教を奉じていくと同時に、聖徳太子の思想を日本全体に定着させていきました。それが天智天皇、天武天皇が行ったことなのです。

以上が本書の大きな流れですが、ほかにも聖徳太子ゆかりの神社などを紹介する章を設けています。それらを総合することで、聖徳太子とその暗殺に対する考察を深めていただければと思います。

田中英道

聖徳太子は暗殺された◎目次

◎表紙写真――「唐本御影」図（模本）
奈良国立博物館所蔵
◎編集協力――高関進
◎装　幀――村橋雅之

第1章　蘇我氏四代の先祖たち
——崇峻天皇暗殺と聖徳太子一族を滅亡させた一族

◉蘇我氏の祖・武内宿禰

天皇の歴史上、暗殺された天皇が第三二代崇峻《すしゅん》天皇（在位五八七年－五九二年）でした。前代も後代も未聞の、この唯一の天皇暗殺事件は日本人にとって許されないことです。現在まで一二六代続く天皇の皇統でこの唯一の暗殺事件は、何度でも考察されなければならない事件でしょう。

しかし、この暗殺事件を引き起こした蘇我馬子《そがのうまこ》についての考察が意外に少ないのです。蘇我氏が物部《もののべ》氏と対立して仏教を日本に取り入れたという文化的貢献があるため、「天皇の暗殺」という最悪の犯罪にメスが入らないのかもしれません。しかしまさに

「蘇我氏の仏教」から、この暗殺や太子一族の断絶に純粋ならざる偽善のにおいが感じられるのです。戦後の左翼的な研究者の傾向が、この犯罪者の悪行を左翼テロ的な成功例と見たことで、追及する精神を忘れさせたからかもしれません。

さらに、聖徳太子の死に関して蘇我氏が果たした役割についての研究もなされていません。蘇我入鹿《いるか》が太子の子の山背大兄王《やましろのおおえのおう》一族の滅亡の主導者だったことを、どのように見るのでしょうか。

天皇を一度もあやめたことのない歴史のなかで、このような事件が連続して起きたことは、蘇我氏がいかに日本人とは異質な存在だったかということの証左となります。

それで蘇我氏を調べるにあたり、まずはその祖先といわれる武内宿禰《たけのうちのすくね》を考察してみましょう。『日本書紀』では武内宿禰、『古事記』では建内宿禰ですが、「たけ」が「武」でもあり「建」であることは、武力もあり建設にも秀でていることを想像させます。

明治時代には国の紙幣にまでなったこの人物は、はたして蘇我氏の祖先だったのでしょうか。その存在は、日本におけるユダヤ系日本人の系譜を考えるうえで重要ですが、彼らは決して同世代の移民ではないと考えられるのです。

◉「武内宿禰」という名前

『古事記』『日本書紀』（「記紀」）では、神功《じんぐう》皇后の三韓征伐などで活躍した武内宿禰を蘇我氏の祖としていることは、征伐に参加した多くの氏族のなかにすでに蘇我氏の祖先たちがいたことを示しています。

蘇我一族の基礎を築いた蘇我蝦夷《えみし》の墓は、明日香村で発掘されている国内最大級の方墳、小山田古墳（一辺七〇メートル）ではないかとされていますが、おそらくそれは正しいでしょう。特に方墳であることは、蘇我氏が方墳の多い出雲系、北陸系の氏族に近いことを推測させます。

仲哀《ちゅうあい》天皇の崩御（西暦二〇〇年頃）ののち、神功皇后は二〇一年から二六九年まで政事を執り行ったと書かれています。仲哀九年（二〇〇年）三月一日に神功皇后は斎宮に入って自ら神主となり、まずは熊襲《くまそ》を討伐します。九月には軍を集め、その後に住吉大神の神託で再び新羅《しらぎ》征討の託宣に沿って、対馬の和珥津《わにつ》を出航しました。おなかに子供（のちの応神《おうじん》天皇）を妊娠したまま海を渡って朝鮮半島に出兵し、新羅の国を攻めたのです。新羅は戦わずして降服（降伏）し、日本への朝貢を誓い、高句麗《こうくり》・百済《くだら》もまた朝貢を約したとされています。

日本が新羅を従えたことにより、新羅が日本の支配下になり、その後の新羅が中国の支配から距離をとるようになったことを示しています。この時代、新羅が中国文化から離れて西方文化を取り入れました。そこに秦氏の活躍が多かったという事実を当時の新羅の文化史が伝えています。

美術史家の由水常雄《よしみずつねお》氏の研究によると、この頃の新羅には多くのローマ工芸品が伝えられていたそうです。新羅は、ちょうど中国との国交を辰韓《しんかん》時代（三世紀中頃－四世紀中頃）から第二四代の真興王《しんこうおう》（在位五四〇年－五七八年）の時代にかけての二七八年間に、わずかに四回しか遣使を送っていないことでもわかるように、中国文化の受容を拒否していると由水氏は指摘しています。

辰韓は『三国志』「韓伝」で、次のように書かれています。

《辰韓は馬韓《ばかん》の東方にある。辰韓の老人たちは代々こう言い続けている。「昔、中国の秦の代に、労役を避けて韓国に逃げて来たものがいて、馬韓が、東部の地域を割いてその人々に与えた。それが我々である」と》（『三国志』韓、『倭国伝』より）。

辰韓とは秦韓のことで（『三国志』韓、『倭国伝』）、秦氏が朝鮮に入っており、彼らが中国系ではなくユダヤ人系であるからこそ中国に朝貢をせず、関心ももたなかったことを意味するでしょう。

また、新羅は秦羅のことで「秦＝ユダヤ人系」と、ローマ帝国の「羅」を結びつけたものと考えられ、ユダヤ人系の商人がローマ帝国系の工芸品を持ち込んだことがわかります。由水氏が示す多くの西方の工芸品は彼らが持って来たもので、シルクロードを通って日本までもたらされたものといっていいでしょう。

このように、『三国志』で辰韓時代に秦氏がやって来て去って行ったことが述べられていることで、その後日本にやって来た秦氏が新羅を経由していることが考えられます。由水氏は新羅を「東洋の中のローマ文化国家」と語っていますが、ローマ人が来たわけではなく、ディアスポラのユダヤ商人が持って来た物品が新羅にもたらされた、と考えればいいでしょう。なぜなら、そこにはローマ的文化のものがうかがわれないからです。そうして出発地点から日本にもたらされたものが、日本の古墳の石棺内部などに見出されることになるのです。

新羅が日本に友好的なことは、神功皇后が攻めたときも決して抵抗せず、朝貢国になったことでもわかります。「記紀」には記されていませんが、そのときもこうした新羅の物品が日本にもたらされており、新羅にいたユダヤ人系の人々が来日していた可能性があります。

こうした歴史事実から、武内宿禰の時代というのは、やはり朝鮮を経由した西方からの渡来系の人々の流入が多かったと考えなければならないでしょう。

◉武内宿禰が五代の天皇に仕えた意味

武内宿禰は、景行《けいこう》・成務《せいむ》・仲哀・応神・仁徳《にんとく》の五代（第一二代から第一六代）の各天皇に仕えた忠臣として名高い人物でした。この氏族を祖として紀氏《きうじ》・巨勢氏《こせうじ》・平群氏《へぐりうじ》・葛城氏《かつらぎうじ》・蘇我氏など中央有力豪族が生まれたとされています。そのなかに武内宿禰の子である波多氏《はたうじ》がいることは重要です。波多氏、つまり、ユダヤ人系日本人ととらえて来た秦氏なのです。

「波多氏」と漢字を変えていますが同族で、羽田矢代《はたのやしろ》（生没年不詳）と共に、「記紀」

などに伝わる古代日本の氏族です。『日本書紀』では「羽田矢代宿禰《はたのやしろのすくね》」、『古事記』では「波多八代宿禰《はたのやしろのすくね》」、他文献では「波多矢代」「八多八代」「八太屋代」とも表記されていますが、すべて秦氏と同名です。武内氏が秦氏の一族であれば、宿禰の意味も推測できます。

「宿禰」という名は尊称とされていますが、この尊称の由来を考えると「宿」をとる「禰」という意味と理解できます。「禰」は音読みで「デイ」や「ネ」であり、訓読みは「かたしろ」「みたまや」です。意味は「父のおたまや。みたまや」で、父親の霊廟《れいびょう》です。または「かたしろ」であり、戦争に持っていく位牌のことでもあります。「宿禰」が、「宿をとる」「父親の位牌を持つ人」という意味だと考えると、ユダヤ人のような渡来人が日本に滞在するという意味にふさわしいでしょう。「ユダヤの祖先の位牌と共に旅の宿を日本でとる人」という意味となり、彼らの日本での存在の仕方をよく伝えています。

いずれにせよ、それは過去を携えて遠く旅をして来た人のことになるでしょう。朝鮮や中国から来た人々は、日本に帰化しても「宿をとる」という意味は必要なく、多くのユダヤ人埴輪に見られるようにユダヤ人こそが、その名を意味すると考えられるのではないでしょうか。

この名前は、そうした彼らへの敬意を含めてつけられた役職名と考えられます。もちろん、帰化ユダヤ人と関係のない氏族の人物にもつけられもしますが、基本的には彼らの優秀さを顕彰したものと考えられます。彼らのような遠くから旅をしてきた人々だからこそ日本で宿をとり、その才能を生かして天皇に仕えることに評価が感じられるのです。


秦氏の一族が、天皇の下で補佐役のような役割を演じている理由は、彼らがすでにアジアの国際情勢を理解し、商人としてまた遊牧民族としての経験があり、中東の建築技術を知っているなどのユダヤ人のような存在が、天皇の補佐をする役割として必要だったと考えられます。

天皇五代に仕えたとなると、一人の武内宿禰でなく代々の宿禰がいたとも考えられます。『古事記』において武内宿禰には子供が七男二女がいるとされ、羽田矢代宿禰はそのうちの第一子と記されていますが、ほかに六人の兄弟のうちから誰か同名で継いでいた可能性があります。

平安時代初頭の『新撰姓氏録《しんせんしょうじろく》』では、河内国「皇別」で、道守朝臣《ちもりのあそん》条・河内国と、「皇別」で道守臣条が知らされていますが、いずれも武内宿禰の子孫とされています。さらに子に関しては、『日本書紀』履中《りちゅう》天皇即位前条で、黒媛《くろひめ》の名が記されています（ただし、『古事記』では葛城襲津彦《かつらぎのそつひこ》の子の葦田《あしだの》宿禰の娘とされています）。こうした子孫の多いことは、武内宿禰が複数存在している同名の人物であることが示唆されており、その一族が同名でその役を演じていたと思われます。

外交に長けた一族であることは、たとえば『日本書紀』応神天皇三年是歳条の、「百済の辰斯王《しんしおう》が天皇に礼を失したので、羽田矢代宿禰は紀角《きのつ》宿禰・石川宿禰・木菟《つく》宿禰と共に遣わされ、その無礼を責めた。これに対して百済は辰斯王を殺して謝罪した。そして紀角宿禰らは阿花王《あくえおう》を立てて帰国した」という逸話からもわかりますし、武内宿禰の一族の結束の強さも感じさせます。

武内宿禰は景行天皇のときに北陸・東国を視察しましたが、それはある意味で日本武尊《やまとたけるのみこと》の東征の先駆とも考えられます。武内宿禰は現地に機織を伝え、高天原《たかまがはら》＝日高見国《ひたかみのくに》を討伐しようとしたからかもしれず、ヤマトタケルはユダヤ人的な行動をしていますが、そのことがその名前の由来を表しているのかもしれません。

武内宿禰の子の葛城襲津彦（曽都毘古・沙至比跪　生没年不詳、四世紀後半―五世紀前半頃？）は、「記紀」に大和葛城地方の豪族葛城氏の祖として記されています。百済三書の一つ『百済記』にその名が見えるので、朝鮮半島から渡ってきたのでしょう。

葛城襲津彦は弓月君（ゆづきのきみ／ユツキ　生没年不詳）とその民を日本に連れてくるよう、応神天皇から指示された氏族です。弓月君とは『日本書紀』に記述された秦氏の先祖とされる渡来人一派で、『新撰姓氏録』では融通王《ゆうずうおう》ともいい、秦の帝室の後裔とされています。私は、弓月君をユダヤ人系と見ています。

この秦氏の帰化の経緯は『日本書紀』によれば、まず応神天皇一四年に弓月君が百済から来朝して窮状を天皇に上奏しました。弓月君は一二〇県の民を率いての帰化を希望していたものの新羅の妨害によって叶わず、葛城襲津彦の助けで弓月君の民は加羅が引き受けるという状況下にありました。

しかし三年が経過しても、葛城襲津彦は弓月君の民を連れて本邦に帰還しませんでした。そこで応神天皇一六年八月、新羅による妨害の危険を除いて弓月君の民の渡来を実現させるため、平群木菟《へぐりのつく》宿禰と的戸田《いくはのとだ》宿禰が率いる精鋭が加羅に派遣され、新羅国境に展開したのです。新羅への牽制は功を奏し、無事に弓月君の民が渡来した、と書かれています。

弓月君は、『新撰姓氏録』では帰化人の氏族として左京諸蕃・漢・太秦公《うずまさのきみ》宿禰の項に記述されており、それによれば、秦始皇帝三世孫、孝武王《こうぶおう》の後裔です。孝武王の子の功満王《こうまんおう》は仲哀天皇八年に来朝、さらにその子の融通王が別名・弓月君であり、応神天皇一四年に来朝したとされています。これらは、ゆずき＝ゆず＝ユダの名前が示唆するように、ユダヤ系であり、渡来後の弓月君の民は、養蚕や織絹に従事し、その絹織物は柔らかく「肌」のように暖かいことから波多の姓を賜ることとなったという命名説もあります。

同じ『新撰姓氏録』の「山城國諸蕃・漢・秦忌寸」の項によれば、仁徳天皇の御代に波陁《はた》姓を賜ったとされています。その後の子孫は氏姓に登呂志公、秦酒公《はたのさけのきみ》を賜り、雄略天皇の御代に禹豆麻佐《うつまさ》（太秦）を賜ったと記され、天皇をユダヤ系が補佐する関係が成立しているのです。

このような記述から、秦氏の先祖である弓月君と武内宿禰の子である葛城襲津彦とは深い関係にあることがわかります。同時に、羽田八代宿禰は徐福《じょふく》と関係があるとされていることから、もともと応神天皇は秦氏が奉る大王であって、それは天皇が宇佐八幡宮に祀られていることもわかります。

つまり日本における秦氏の事実上の始まりは、応神天皇時代ということができるでしょう。そして天皇の背後には武内宿禰の存在が支えているという事実が浮かび上がることになります。いずれにせよ、彼らはユダヤ系の渡来人、帰化人として、すめらみこと（天皇）の政治に関わっているのです。

応神天皇は仲哀天皇と神功皇后の子である、と『古事記』には書かれています。『古事記』を読んだだけでも仲哀天皇の崩御は謀殺と考えられますが、のちの蘇我氏が天皇家に深く関わり、崇峻天皇を暗殺しているその暴力性がすでに現れているということになるでしょう。

応神天皇の父は武内宿禰であると考えられます。父は海人系の住吉大神との説もあり、海人系の案内で各地を移住した秦氏の姿を反映しているようです。これらを総合すると、大和朝廷の系統が仲哀天皇で途切れ、秦氏系に入れ替わったような印象さえ受けます。その状況を作り出したのが武内宿禰であり、武内宿禰一家の秦氏への関係は深いものがあるようなのです。

武内宿禰とその子孫の系列は、秦氏を支持する応神天皇のみならず、それ以後日本に渡来した当時の秦氏に深く関係がありそうです。秦の始皇帝の命により不老不死の薬を求め日本にやってきた徐福にも関係があるようで、徐福の子孫を自称する秦氏がおり、そこから改名した羽田氏、土師《はじ》氏、葛城氏たちにつながっているのです。そのなかにあって、武内宿禰一族は中心的な存在となっているのです。

◉武内宿禰の記録を検討する

『日本書紀』では武内宿禰の父について「景行天皇紀」に、「天皇は紀伊に行幸して神祇祭祀を行おうとしたが占いで不吉と出たため、代わりに屋主忍男武雄心命《やぬしおしおたけおごころのみこと》が遣わされた。そして武雄心命が阿備柏原《あびのかしわばら》（現・和歌山市相坂、松原か）にて留まり住むこと九年、その間に影媛《かげひめ》との間に儲けたのが武内宿禰である」とあります。また、「成務天皇紀」では、武内宿禰は成務天皇と同日の生まれ（景行天皇一四年、月日不詳）とあります。

この、父と目される屋主忍男武雄心命（生没年不詳）は、『日本書紀』によると彦太忍信命《ひこふつおしのまことのみこと》ですが母に関することは書かれていません。その名も、屋主忍男武雄心命のほか、屋主忍男武猪心命《やぬしおしおたけいごころのみこと》、武猪心命、『新撰姓氏録』では建猪心命、屋主忍雄武猪心命と記されているように、「猪」という動物の名前が出てきます。「武猪心」という名前は、勇猛な心をもった人物のようですが、「屋主忍男」という名は「忍ぶ男」という意味で、目立たない印象を与えます。

この「猪」という名からは、外来の猪名部《いなべ》という一族の名が思い起こされます。『日本書紀』応神三一年八月条に、朝廷の船五〇〇隻を造って武庫水門《むこのみなと》に停泊させていたところ、新羅の遣の船から失火、朝廷の船が全焼したため、新羅の王はその贖罪《しょくざい》として自らの優れた工匠を倭国に献上したとあります。

この工匠一族は猪名部の名をもち、名高い工匠の一族なのです。すでに述べたように、新羅は秦氏が関わる国で外来系が住む国であり、彼らはユダヤ系といっていいでしょう。しかし、応神天皇の御代であり、二代後のことです。

『新撰姓氏録』には、祭神伊香我色男命《いかがしこおのみこと》は猪名部氏の祖神で天孫瓊々杵尊《ににぎのみこと》の兄、饒速日命《にぎはやひのみこと》の六世の孫と記されています。『先代旧事本紀《くじほんぎ》』「天神本紀」には、饒速日命が天降りした際に五人が供奉したとあります。つまり、かなり古い天孫族に由来するということになり、後代の氏族とは関係のない、古い氏族として書かれているのです。この『日本書紀』の応神天皇の時期の記録との矛盾は、この名の外来氏族を、後代になって古く見せようという意図を感じさせます。

いずれにせよ、武内宿禰の父を探ると、外来の勇猛な氏族を思わせるもので、決して「神別」として高天原＝日高見国系の縄文時代から続く家系ではないのです。『紀氏家牒《きしかちょう》』逸文でも屋主忍武雄心命、また屋主忍雄命、武男心命等とも表記されています。『古事記』では孝元《こうげん》天皇皇子「少名日子建猪心命《すくなひこたけいごころのみこと》」が該当すると見られますが、子孫の記載はありません。ここでも、少名日子という天孫系の名が不自然に書かれていますが、『日本書紀』では第八代孝元天皇の皇孫で、武内宿禰の父とされる人物です。

『日本書紀』の景行天皇三年二月一日条では、菟道彦《うじひこ》（紀直遠祖）の娘の影媛《かげひめ》との間に武内宿禰があるとしています。また、応神天皇九年四月条では、武内宿禰の弟として甘美内宿禰《うましうちのすくね》の名も見えます。

一方『古事記』では、孝元天皇皇子の比古布都押之信命《ひこふつおしのまことのみこと》（彦太忍信命）の子が建内宿禰（武内宿禰）になるとしており、少名日子建猪心命は系譜から外れています。また、『紀氏系図』では孝元天皇の皇子に彦太忍信命、その子に屋主忍雄命、その子に武内宿禰と甘美内宿禰とする系譜が記載されています。その後、景行天皇（第一二代）から仁徳天皇（第一六代）までの五代にわたり、武内宿禰の事績が記されています。

第一二代景行天皇紀二五年（七月三日条、同二七年二月一二日条）、武内宿禰は北陸及び東方に派遣され、地形と百姓の様子を視察しました。帰国すると蝦夷《えみし》を討つように景行天皇に進言したといいます。この蝦夷とは、東方や東北にいる異国人（のちの蘇我蝦夷の名にあるようにユダヤ人系）で、先着の秦氏といってよく、徐福と一緒にやって来た一族だったかもしれません。

また、景行天皇五一年一月七日条、同年八月四日条において、天皇が群卿《まちきんだち》を招き数日の宴を催したものの、武内宿禰と皇子の稚足彦《わかたらしひこ》（のちの成務天皇）は非常に備えて参じませんでした。これを賞賛した天皇は特に目をかけ、稚足彦を皇太子に、武内宿禰を「棟梁之臣《むねはりのまえつきみ》」に任じたと書かれています。第一三代成務天皇紀によると、成務天皇三年一月七日条に、天皇は武内宿禰を「大臣」となし、同日の生まれであることから武内宿禰を寵《ちょう》したとあります。

図1　琴を弾く男子埴輪（古墳時代、焼成粘土）
愛知県陶磁美術館所蔵

第一四代仲哀天皇紀では、仲哀天皇九年二月六日条と二月二二日条で、仲哀天皇が遠征途上で死去したと伝え、神功皇后と武内宿禰とは天皇の喪を秘しました。そして四大夫に宮中を守るよう命じ、武内宿禰自身は密かに天皇の遺骸を海路で穴門へ運び、豊浦宮において殯《もがり》を行ったのち、皇后に復命したとあります。

「神功皇后紀」においては、仲哀天皇九年三月一日条で神功皇后は斎宮に入り、自ら神主となって仲哀天皇に祟《たた》った神の名を知ろうとし、その際に武内宿禰は琴を弾くことを命じられたとあります。

図1の埴輪では「琴を弾く」と何気なく説明書きがありますが、武内宿禰にその能力があったことを示しています。この琴を持っているの

図2　琴を弾く人物埴輪（古墳時代）相川考古館所蔵

が、古墳から発掘される美豆良《みずら》をつけた人物埴輪で、これはまさにユダヤ人なのです。彼らは長い旅の間に、慰めのために琴を持って歩いたからです。場合によっては、それで命をながらえることができたのでした。

図2の「琴を弾く人物埴輪」は群馬県前橋市朝倉町で出土したものです。琴の弦は五本で琴頭は狭く、琴尻は広く表現されています。

◉武人としての武内宿禰

武内宿禰については、「神功皇后摂政前紀」仲哀天皇九年四月三日条にこう書かれています。「神功皇后が神田に儺河《なかがわ》（福岡平野を流れる那珂川）の水を引きたいと思い、溝を掘ったものの大岩にあたる。そこで武内宿禰が皇后に召されて剣・鏡を捧げ神祇に祈ると、溝は通じた」。ここでは宿禰は、祭祀を行う役割として登場しています。このことは、宿禰が神道系の祭祀に精通し、また水を引くために大岩をどかす大工事を行う技術を持っていたことを示唆しています。

祭祀王という祈祷は、のちに中臣氏＝藤原氏が、高天原系で受け継いできた仕事ですが、それを大和政権では武内宿禰が執り行っていたことになります。おそらく、この神道は東国の高天原系ではなく、西国の出雲系のやり方ではなかったかと思われます。宿禰そのものが秦氏で、帰化人として灌漑工事を行い、水を引く土木工事を行う技術をもっていたからです。その技術をもたらしたのが土師氏であり、秦氏だったのです。そしてのちに出雲大社がつくられ、祭祀方法が天照系と異なる神道の祭祀を執り行っていたのです。

『日本書紀』の「神功皇后摂政前紀」の仲哀天皇九年一二月一四日条や、神功皇后摂政元年三月五日条では、仲哀天皇の崩御を聞いて反乱を起こした麛坂皇子《かごさかのおうじ》・忍熊皇子《おしくまのおうじ》兄弟に対し、武内宿禰は皇子（のちの応神天皇）を抱いて南海に出て紀伊水門に至り、そして武振熊《たけふるくま》（和珥臣遠祖《わにのおみ》）とともに数万の軍を率い、山背、菟道《とどう》（宇治）を経て、逢坂《おうさか》（京都府・滋賀県境の逢坂山）にて忍熊皇子軍を破ったと書かれています。

この軍事行動における武内宿禰の優れた対策は、武人としての才能を発揮しており、天皇の信頼を高めたものでした。一説によれば、新羅征討中に仲哀天皇が崩御し、神功皇后は誉田別尊《ほんだわけのみこと》（のちの応神天皇）を産み、それを聞いた麛坂皇子と忍熊皇子は、次の皇位が幼い皇子に決まることを恐れ、共謀して筑紫から凱旋する皇后軍を迎撃しようとしたといいます。

皇子らは「仲哀天皇の御陵造営のため」と偽って播磨赤石（現在の兵庫県明石市）に陣地を構築し、倉見別《くらみわけ》（犬上君の祖）と五十狭茅宿禰《いさちのすくね》（伊佐比宿禰とも）を将軍として東国兵を奮起させます。ところが菟餓野《とがの》（比定地未詳）で反乱の成否を占う祈狩《うけいがり》を行った際、皇子は猪に襲われて食い殺されたと書かれています。

武内宿禰は、神功皇后摂政一三年二月八日条、同一三年二月一七日条で、皇后の命で太子を伴って角鹿《つぬが》の笥飯大神《けひのおおかみ》（福井県敦賀市の氣比《けひ》神宮）を拝し、帰還後に開かれた宴では太子に代わって皇后に返歌しました。

神功皇后摂政四七年四月条では、新羅と百済とで貢物の問題が起こり、皇后が誰を百済に遣わしたらよいか天神に問うたところ、天神は「武内宿禰をして議を行わしめ、千熊長彦《ちくまながひこ》を使者とするよう」答えたといいます。このことは、武内宿禰が朝鮮半島の事情に通暁しており、彼の経験からきたものであることを皇后が知っていたからだといえるでしょう。

宿禰は新羅から来た氏族で、それ以前は西方から来たユダヤ人であったと考えられます。一三二年におけるローマ軍によるイスラエルからのユダヤ人の徹底追放は、遠く日本にまでやって来る機縁となったのです。『日本書紀』には、神功皇后が（第一五代応神天皇紀で、応神天皇七年九月条）、高麗人・百済人・任那人・新羅人らが来朝した際に、応神天皇の命でそれら韓人を率いて韓人池をつくらせたとされています。

応神天皇九年四月条には、天皇の命で武内宿禰が筑紫へ百姓の監察に遣わされた際、弟の甘美内宿禰が兄を廃そうとして天皇に讒言《ざんげん》したとあります。天皇は武内宿禰を殺すために使いを出しましたが、真根子《まねこ》（壱伎直祖《いきのあたいがおや》）が身代わりとなって殺されました。武内宿禰は朝廷に至って天皇に弁明すると、武内宿禰と甘美内宿禰は探湯《くかたち》で戦うこととなりましたが、武内宿禰が勝ちます。

◉ユダヤ人的な「兄弟殺し」

この話で、弟が兄を敵として天皇に讒言をし、殺そうとしたことが書かれています。これまで、こうした兄弟の争いは古代の恥部として黙認されてきました。日本人が兄弟殺しなどしない精神を持っていることは、歴史の中でも現代においてもそれぞれの家族愛の強さを考えても明らかです。しかしこの兄弟殺しは、外国、特にユダヤの『旧約聖書』を読めば、最初の「カインとアベル」の例などから、あたかも常態であるかのように書かれているのがわかるでしょう。武内宿禰の兄弟がユダヤ人であることは、このような記述でも推測できるのです。

第一六代仁徳天皇紀を読むと、仁徳天皇元年一月三日条で、応神天皇の子の大鷦鷯《おおさざきの》尊《みこと》（仁徳天皇）と武内宿禰の子の平群木菟《へぐりのつく》宿禰とは同日に生まれました。その際、応神の子の産殿には木菟《つく》（ミミズク）が、武内宿禰の子の産屋には鷦鷯《さざき》（ミソサザイ）がそれぞれ飛び込んだので、その鳥の名を交換してそれぞれの子に名付けたといいます。さらに、仁徳天皇五〇年三月五日条、茨田堤に雁が卵を産んだことから、仁徳天

図３　ミミズクの顔は人間に似ている

皇と武内宿禰とは長生を讃えて歌を詠みあいました。

ここからうかがえるのは、双子のような関係の二人が、いずれも鳥との不思議な関係があり、その鳥の名前がつけられていることです。これは、二人の容貌がそれらの鳥に似ているのではないかということです。特にミミズクは人間に近いとも言える顔だちで、鼻が尖り顔が厳しいことからもユダヤ人の風貌に似ているのではないでしょうか。

この記述を最後に、『日本書紀』には武内宿禰の事績の記載は見えず、允恭《いんぎょう》天皇（第一九代）五年七月一四日条に、武内宿禰の墓の伝承が記されています。『古事記』においても、建内宿禰（武内宿禰）に関して『日本書紀』と同様の説話が記されており、このことから両書が武内宿禰の事績を共有し、この人物が飛鳥、奈良時代にわたってもなお朝廷に知られていたことがわかります。ミソサザイは天皇、ミミズクは平群木菟の名の由来となっていたのです。

ほかの文献では、『因幡国風土記』逸文（古風土記逸文としては鎌倉時代を遡り得ない参考条文）の記述があります。

《仁徳天皇五五年三月に大臣の武内宿禰は三六〇余歳にして因幡国に下向し、亀金に双履《そうり》を残してどこかに隠れてしまった。またこのようにも聞いている。因幡国法美郡《ほうみぐん》の宇倍山の麓に神社があり、宇倍神社といい、武内宿禰を祀っている。昔、武内宿禰が東夷を平定して宇倍山に入ったあとは、その終焉の地を知らない》（口語訳）

この因幡国法美郡の宇倍山山麓には、武内宿禰の霊を祀る社が現在でも鳥取県鳥取市の宇倍神社として残されています。武内宿禰は東夷を討ったあと、この宇倍山に入って行方知らずになったとされます。三六〇歳で行方知らずになったという記述も、この人物の由来が地元でも知られず、ユダヤ人という理解できぬ存在であったことを推測されます。

同じように『公卿補任《くぎょうぶにん》』では、薨年未詳で二九五歳にて死去（一説として仁徳天皇五五年に年齢未詳で死去）とあります。

『水鏡』では、武内宿禰は仁徳天皇五五年に二八〇歳で死去、『帝王編年記』（南北朝時代頃の成立）では仁徳天皇七八年に年齢未詳（一説として三一二歳）で死去したことになっています。ほかにも諸伝説があり、いずれも仁徳天皇の治世に薨去《こうきょ》し、そのときの年齢は二八〇歳から三六〇余歳の間といいます。有名でありながら伝説上の人物で、その由来の不可解性が残されているのです。

こうして、武内宿禰のことといえば神功皇后に常に寄り添い、生まれたばかりの応神天皇を抱いている三〇〇歳を超える白髪・白髭の老人のイメージとなり、ユダヤ人的な姿が彷彿され、大国主狗古智卑狗《おおくにぬしくこちひこ》の分身として、あたかも『日本書紀』が創作した人物のように語られるのです。

住吉大社の伝承には、応神天皇が神功皇后と住吉大神の子で、一三歳で住吉大神・武内宿禰こと大国主狗古智卑狗の子などと書かれています。小動《こゆるぎ》神社天王祭りでは、武内宿禰の顔が鼻の高い天狗のような翁の面をつけて演じられているのは、ユダヤ人のような人物として今日まで伝承されていることを伝えているのです。

武内宿禰の墓は不詳となっていますが、伝承として『日本書紀』では、玉田宿禰《たまだのすくね》（武内宿禰の孫または曾孫）が武内宿禰の墓に逃げ込んだことが書かれています。また、

『帝王編年記』では、死去の地として甲斐国説、美濃国不破山説、大和国葛下郡（奈良県南西部の葛城地方）の室破賀墓《むろはかぼ》説（奈良県御所市の室宮山古墳か）があり、最後は伝説上の人物になったのです。

こうした、墓の不明の武内宿禰でも、『古事記』では許勢臣《こせのおみ》（巨勢臣）・蘇我臣・平群臣・木臣（紀臣）をはじめとする二七氏の祖とされるのも、天皇五代にわたって輔弼《ほひつ》した役割だったからでしょう。

私は「天皇を輔弼する武内宿禰」といいましたが、「記紀」が記す武内宿禰の伝承には、歴代の大王に仕えた忠臣像、長寿の人物像、神託も行う人物像が特徴として指摘されています。

特に、大臣を輩出した有力豪族の葛城氏・平群氏・巨勢氏・蘇我氏ら四氏が共通の祖とすることから、武内宿禰という存在は日本の「君臣共治」という大臣の理想像となったといえるでしょう（ただし『古事記』では『日本書紀』に比して物語が少ないことから、『旧辞』の成立よりあと、蘇我馬子・中臣鎌足《なかとみのかまたり》ら忠臣がモデルとなってその人物像が成立したと推測する説がある。また、弟の甘美内宿禰〈味師内宿禰〉とともに「内宿禰」

を称することから、大和国宇智郡を根拠とした豪族の有至臣《うちのおみ》〈内臣〉との関連も指摘される）。『三国史記』には、倭王の命を受けて新羅を攻め、舒弗邯の于老《うろう》を処刑した于道朱君という倭人が登場しますが、この者の名が「うちすくん」と見られること、暦年研究から助賁《じょふん》王や沾解《てんかい》王の在位年代が神功皇后の活動年代と同時代と見られることなどから、于道朱君とは「内宿禰」であり、武内宿禰と同じ人物と見ることができるという説は、中国にもその名が知られていたほど有力な存在だったことになります。

◉武内宿禰から葛城氏へ

さて、蘇我氏の問題に移りましょう。『新撰姓氏録』において、蘇我氏は皇別（神別と異なる、崇神天皇以降の氏族）に分類されています。

皇別に分類されたのは、四世紀葛城地方に古墳が出現しているように、葛城氏と共に最初から朝廷と直接つながりをもっていたことを示しています。五世紀前半の間は、朝廷は大王家と葛城氏との連合政権ではないかと思われるほど葛城氏の勢力は強力でした。その時期の葛城氏をまとめたのが、先に述べた葛城襲津彦です。

朝鮮経営に活躍し、加羅に抑留された弓月君（秦氏系）支配下の人々と一二〇県を召喚し、一時葛城で直接的に支配されていましたが、その後、秦氏として山背に移住していきました。つまり、応神天皇から始まり武烈《ぶれつ》天皇までの葛城王朝内で、秦氏はその生産性の一翼を担っていたのです。

その後、継体《けいたい》天皇から推古天皇まで続く蘇我一族（旧事紀では物部氏）によって、秦氏は葛城の地から山背に移され、開拓、治水の結果、政治にまで干渉できるほどの勢力となっていったのです。その頂点に輝いたのが秦河勝《はたのかわかつ》でした（詳しくは第14章）。

蘇我氏の具体的な活動が記述されるのは六世紀中頃の蘇我稲目からで、それ以前は、河内の石川（現在の大阪府の石川流域、詳細に南河内郡河南町一須賀あたりと特定される説もある）および葛城県（のちの大和国高市郡）蘇我里（現在の奈良県橿原《かしはら》市曽我町あたり）を本拠としていた土着豪族であったとされています。

葛城氏の政治力や経済力、対朝鮮の外交ポストや渡来人との関係を保ちながら四世紀から五世紀にかけて、蘇我氏は本拠地を大和国高市郡曽我において（現在曽我の地に宗我坐宗我都比古《そがにますそがつひこ》神社が鎮座している）、『紀氏家牒』にあるように「蘇我石河宿禰の家、大倭国高市郡蘇我里」を中心に活躍していました。この地から南東方向の軽《かる》、豊浦、小墾田《おはりだ》、飛鳥にかけて蘇我氏宗家の居所が存在していました。

蘇我氏の同族がこの周辺を本拠地としており、曽我の地は蘇我氏にとって重要だったのです（河内国石川郡を本拠地とする説は、『日本三代実録』元慶元年〈八七七年〉の記事において、石川木村が「宗我石川、河内国石川別業に生まる」と述べているのを根拠としており、宗我石川が石川別業で生まれたとあることから、蘇我氏そのものの本拠地も石川郡にあったと考えられている。しかしこれは蘇我氏宗家が滅び、蘇我倉氏が蘇我氏の氏上を継承し、のちに石川氏へ改姓したあとに主張されたという祖先伝承があるからである）。

『新撰姓氏録』で、蘇我氏を「皇別」（歴代天皇から分かれた氏族）に分類していることは、この氏族が第一〇代崇神天皇以後に、日本にやって来た朝鮮経由のユダヤ人系であることを示唆しています。外来系の「諸蕃」ではないのはそのためです。その多くは、古代ローマのイスラエル侵攻のあとディアスポラ（移民）になったユダヤ人たちが、何度かに分けて日本の各地に到着し、朝鮮半島と交流を行っていたのです。

紀の川・紀路に到着した同族系譜の葛城襲津彦らが武内宿禰を共通の始祖として、蘇我氏・巨勢氏、波多氏系という氏族たちになっていきました。のちに紀氏、平群氏をも組み込んだ武内宿禰系譜の氏族たちとして伸長していったと考えられます。

◉天皇の側近としての武内宿禰の役割

武内宿禰は、この時代の日本の天皇の側近としての役割を担っており、氏族の支配だけでなく、国外との外交に対する力をもっていたようです。渡来人の品部の集団などがもつ当時の先進技術が、蘇我氏の台頭の一助になったと考えられます。

四世紀から五世紀にかけてのユダヤ系渡来人の来日は、古墳の武人埴輪のユダヤ人埴輪によって証明されますが、特に葛城には葛城襲津彦が招来した渡来人が居住しており、製鉄作業などに従事していましたし、天皇家との婚姻関係などを継承したと思われます。葛城氏は五世紀には皇后や妃、高い地位に上る人物を輩出し、対朝鮮半島関係（軍事行動と外交交渉）を担っていたのです。

こうした予想しうる関係のなかで、葛城地方を地盤とした集団が五世紀の頃に大きな勢力をもっていたことは、複数の古墳や豪族居館の遺跡から推測できます。しかし、玉田宿禰が允恭天皇に、円大臣《つぶらのおおきみ》が雄略天皇に滅ぼされる間に葛城氏は衰退していき、六世紀に活躍しているのは葛城氏の末裔と見られる葛城烏那羅《かつらぎのおなら》のみで、ほとんど姿を見せなくなっています。考古学的見地からも、五世紀後半の新庄屋敷山古墳を最後として葛城地域に大型前方後円墳の築造は見られなくなっています。

持統《じとう》天皇が六九一年に「其の祖等の墓記」を上進するように命じ、これが『日本書紀』の原史料になったのですが、葛城氏はこのなかに含まれていません。それにもかかわらず、葛城氏の氏族伝承や王統譜が『日本書紀』に記されているのは、葛城氏の後裔が存在しており、彼らが史料を提供したと推測でき、その集団こそが蘇我氏の基であったと考えられます。

そして、葛城氏として残った者がわずかだったため、それらは顕著な活動を残すことはありませんでしたが、その代わり蘇我氏が中心に躍り出たと考えられます。

さらに蘇我氏は、葛城を拠点としていた尾張氏を経由することで安閑《あんかん》天皇・宣化《せんか》天皇と接近し、実際に安閑の勾金橋宮《まがりのかなはしのみや》が蘇我の地の付近に存在することになりました。安閑期には大臣になっていないとはいえ、すでに有力豪族の一派となっていたと考えられます。

蘇我氏は、高市郡の曽我から飛鳥と石川に進出しています。乙巳《いっし》の変のあとに蘇我氏の氏上を継承した蘇我倉氏（のちの石川氏）が石川郡を地盤とし、蘇我氏全体の系譜を作り上げたため、蘇我氏が石川から興ったという伝承が形成されました。

石川には、百済から渡来した史（フミヒト）集団（のちの西文氏《かわちのふみうじ》）が、飛鳥から三キロほど離れた檜隈《ひのくま》には朝鮮半島南部（安羅《あら》を中心とする伽耶《かや》諸国）から渡来した渡来人集団（のちの東漢氏《やまとのあやうじ》）が分布しており、これらの二つの集団を従えたと考えられています。

仏教が伝来した際にそれをいち早く取り入れたのも蘇我氏であったのは、そうした外来系をまとめあげたから、ということができます。これは、朝廷の祭祀を任されていた連姓の物部氏、中臣氏を牽制する新しい外来勢力をまとめたからでしょう。

六世紀後半には、現在の奈良県高市郡近辺を勢力下においていたとされています。蘇我氏が政治の実権を掌握した時代以後、その地域に集中的に天皇の宮が置かれるようになったことからもうかがわれます。

蘇我氏の全盛期は、六世紀以降です。渡来人としての技術と生産力をもち、外交において朝廷を助け、その実力を発揮して新しい時代を萌芽させたのが蘇我氏でした。ただし、これまで蘇我氏は渡来人ではなく奈良盆地出身の倭人との説があり、第八代孝元天皇のひ孫の武内宿禰を祖とするとの伝承があります。

◉葛城氏を引き継いだ蘇我氏

蘇我稲目《そがのいなめ》は古墳時代の豪族で、蘇我高麗《こま》の子、蘇我馬子ら四男三女の父として知られ、娘三人を天皇に嫁がせました。馬子が葛城県を本居としているため、稲目の妻は葛城氏の出と推測されますが、このことからも蘇我氏が葛城氏に取って代わった豪族であったことがわかります。

蘇我高麗は、母が高麗（高句麗）人だったのでそう呼ばれたとされますが、この高麗の意味は「異国人」という意味をもっていたのでしょう。高麗人が入ったとする説がありますが、根拠はありません。また、蘇我氏には蘇我日向《ひむか》や蘇我蝦夷など地名から命名された人物がいますが、それらの地域との血縁関係が結ばれたとする資料は存在していません。業績はいっさい不明で、「記紀」にも登場しません。

『紀氏家牒』によれば、葛城襲津彦は大倭国葛城県長柄里《ながらのさと》（現在の御所《ごせ》市名柄）に居住したといい、この地と周辺が彼の本拠であったと思われます。

蘇我四代の初代、蘇我稲目の妻は葛城氏の出だと述べましたが、葛城襲津彦の伝承は『日本書紀』の「神功皇后摂政紀」「応神天皇紀」「仁徳天皇紀」に記されています。いずれも将軍・使人として朝鮮半島に派遣された内容ですが、なかでも特に留意されるのは、襲津彦の新羅征討を記す神功皇后摂政六二年条でしょう。

記述はわずかですが、『日本書紀』の分注には『百済記』を引用し、壬午《みずのえうま》年に新羅征討に遣わされた「沙至比跪《さちひく》」という人物が美女に心を奪われ、誤って加羅を滅ぼすという逸話が紹介されています。従来、この「沙至比跪」と襲津彦を同一人とし、「書紀」紀年を修正して干支二運繰り下げて壬午年を三八二年と解釈すると、襲津彦は四世紀末に実在した人物であり、朝鮮から俘虜《ふりょ》を連れ帰った武将として考えられています。そのことは、彼らも朝鮮の人々ではなく、外来系の人々であったことを示唆しています。

葛城氏は、五世紀の天皇家との継続的な婚姻関係が指摘されています。「記紀」によれば、襲津彦の娘の磐之媛《いわのひめ》は仁徳天皇の皇后となり、履中・反正《はんぜい》・允恭の三天皇を産み、葦田宿禰の娘の黒媛は履中天皇の妃となり、市辺押磐皇子《いちのべのおしわのおうじ》などを産みました。押磐皇子の妃で顕宗《けんぞう》天皇・仁賢《にんけん》天皇の母である荑媛《はえひめ》は、蟻臣《ありのおみ》の娘となっています。

さらに、円大臣の娘の韓媛《からひめ》は雄略天皇の妃として清寧天皇をもうけていますから、仁徳より仁賢に至る九天皇のうち、安康《あんこう》天皇を除いた八天皇が葛城氏の娘を后妃か母としていることになります。このことは、葛城氏こそ武内宿禰の「役割」を続行し、それをのちの蘇我氏が継いだことがわかります。いずれもユダヤ人系といえるでしょう。

当時の天皇の基盤は未熟な段階にあり、大王の地位が各地域の首長から構成される連合政権の盟主にすぎなかったといわれますが、そうではありません。こうした渡来人系が天皇家を支えたことを考慮すれば、歴史学者の直木孝次郎氏の説くような、五世紀のヤマト政権は「大王と葛城氏の両頭政権」とは事実は違ってきます。

『日本書紀』によれば、允恭天皇五年（四一六年）七月に地震がありましたが（最古の地震記事）、玉田宿禰は先に先帝反正《はんぜい》の殯宮大夫《もがりのみやのかみ》に任じられていたにもかかわらず、職務を怠って葛城で酒宴を開いていたことが露顕しました。玉田は武内宿禰の墓に逃げたものの、天皇に召し出されて、彼は武装したまま参上。これに激怒した天皇は兵卒を発し、玉田を捕えて誅殺させたのです。このことからも、天皇支配と両頭であったとはいえません。

しかし安康天皇三年（四五六年）八月、天皇が眉輪王《まよわのおおきみ》によって暗殺され、円大臣がその下手人である眉輪王を自宅に匿《かくま》う事件が起きました。大泊瀬皇子《おおはつせ》（のちの雄略天皇）の軍によって宅を包囲された大臣は王の引き渡しを拒否し、娘と「葛城の宅七区」（『古事記』「五処の屯宅」）とを献上して贖罪を請いましたが皇子はこれを許さず、宅に火を放って円大臣・眉輪王らを焼殺した事件です。

「記紀」によれば、父の大草香皇子《おおくさかのみこ》が罪無くして安康天皇に誅殺されたあと、母の中蒂姫命《なかしひめのみこと》は安康天皇の皇后に立てられ、眉輪王は連れ子として育てられました。安康天皇三年（四五六年）八月、年幼くして（『古事記』では七歳）楼《たかどの》の下で遊んでいた王は、天皇と母の会話を残らず盗み聞いて、亡父が天皇によって殺されたことを悟り、熟睡中の安康天皇を刺殺します（眉輪王の変）。

その後、坂合黒彦皇子《さかいのくろひこのみこ》と共に円大臣の宅に逃げ込みましたが、大泊瀬皇子の兵に攻められ、娘の韓媛《からひめ》と葛城の屯倉《みやけ》七か所を差し出して許しを乞うたものの認められず、焼き殺されます（『日本書紀』）。『古事記』では、坂合黒彦皇子は逃げ込む前に討たれ、差し出した屯倉も五か所です。また、円大臣は焼き殺されたのではなく眉輪王を殺して自害したことになっています。

安康暗殺の背景に葛城氏が直接関与していた可能性も指摘されていますが、生前の安康天皇は押磐皇子《おしはのみこ》に後事を託そうとしていたという記述（雄略即位前紀）からすれば、むしろ安康（允恭系）と押磐皇子（履中系）・葛城氏との間には王位継承に関する妥協が成立していて、このことに強く反発した大泊瀬皇子が安康を含む敵対勢力の一掃に踏み切ったと解釈することもできます。研究者のなかには、一連の政変で滅びたのは玉田宿禰系のみであって、葦田宿禰系は五世紀末までしばらく勢力を存続させていたと主張する議論もみられます。

応神天皇や仁徳天皇を含めた履中系の天皇は、外戚の葛城氏がその朝廷を支えており、葛城氏と婚姻を結んでいた吉備上道臣《きびのかみつみちのおみ》も含めて、畿内と吉備は王臣共治の関係にあり、履中系の天皇の支持勢力となっていました。

吉備氏と葛城氏の結合は、葛城氏と血縁関係が遠い允恭系の天皇にとって脅威でした。そのため、允恭は葛城氏や吉備上道臣への牽制のために玉田宿禰を謀殺し、雄略天皇は円大臣を誅殺して葛城氏を没落させ（履中天皇二年〈四〇一年〉）、国政を支配するようになります。

一連のこうした暗殺の連鎖は、帰化人が多くなり、特にユダヤ人系の人々が武内宿禰以来、大臣の位を占め、そこから天皇の血族に入っていったことが原因と考えられます。ちなみに眉輪王の名前からは、中東系の眉が黒い輪のような容姿が想像されます。眉輪王の安康天皇殺しは、死んだ亡父の復讐であり、『旧約』でよくあるユダヤ人の殺人行為とよく似ています。

このような一連の朝廷の殺人事件は、遺跡でも確認されています。奈良県御所市にある五世紀前半の豪族居館遺跡、極楽寺ヒビキ遺跡では、焼けた建物や塀が発掘されており、円大臣（葛城氏）の館跡であるとされています。

吉備下道前津屋《きびのしもつみちのさきつや》をはじめとした吉備下道臣一族が滅ぼされ、上道臣は雄略天皇のこの動きに不満を募らせましたが、雄略天皇は吉備上道田狭《かみつみちたさ》を誅殺して上道臣を牽制していました。それに対して吉備稚媛《きびのわかひめ》や星川皇子《ほしかわのみこ》、残された吉備氏は反乱を起こしますが、新興の軍事氏族である大伴氏や物部氏によって鎮圧されたのです。

蘇我氏は葛城氏の政治力や経済力、対朝鮮の外交ポストや渡来人との関係（四世紀から五世紀にかけて、葛城には葛城襲津彦が捕虜とした渡来人が居住しており、製鉄作業に従事していた）、また大王家との婚姻関係などを継承したと考えられます。

葛城氏は、五世紀には皇后や妃、高い地位に上る人物を輩出し、対朝鮮半島関係（軍事行動と外交交渉）を担っていたという伝承をもっています。これらがすべて史実を伝えたものとはいえませんが、葛城地方を地盤とした集団が五世紀の頃に大きな勢力をもっていたことは、複数の古墳や豪族居館の遺跡から容易に推測できます。

◉崇仏派の蘇我馬子と排仏派の物部守屋の対立

『日本書紀』によると、用明天皇元年（五八五年）、敏達《びだつ》天皇崩御を受け、弟の橘豊日皇子《たちばなのとよひのみこ》が即位しました（用明天皇）。この頃、仏教の受容を巡って崇仏派の蘇我馬子と排仏派の物部守屋とが激しく対立するようになります。

物部守屋は、古墳時代の大連《おおむらじ》（有力豪族）の氏族で、物部尾輿《おこし》の子ですが、物部氏は日本に伝来した仏教に対しては強硬な廃仏派で、崇仏派を装う蘇我氏と対立したのです。ただし、物部氏の本拠の渋川に寺の跡が残り、物部氏そのものは廃仏派ではなかったという説もあります。「モリヤ」という呼称は、イスラエルのモリヤ山を思い起こさせますが、蘇我氏を除くとユダヤ人系の人たちは、のちに秦氏が神社をつくるように、神道派となっていたことは確かです。

敏達天皇元年（五七二年）、敏達天皇の即位に伴い、守屋は大連に任じられました。敏達天皇一四年（五八五年）、病になった大臣・蘇我馬子は敏達天皇に奏上して仏法を信奉する許可を求めました。天皇はこれを許可しましたが、この頃から疫病が流行し始めます。物部守屋と中臣勝海《なかとみのかつみ》（中臣氏は神祇を祭る氏族）は「蕃神《ばんしん》（異国の神）を信奉したために疫病が起きた」と奏上し、これの禁止を求めました。天皇は仏法を止めるよう詔《みことのり》します。

守屋は自ら寺に赴いて胡床《こしょう》に座り、仏塔を破壊し、仏殿を焼き、仏像を海に投げ込ませ、馬子や司馬達等（しばだっと／しばたちと／しばのたちと／しめたちと　生没年不詳）ら仏法信者を面罵したうえで、達等の娘・善信尼、およびその弟子の恵善尼・禅蔵尼ら三人の尼を捕らえ、衣を剥ぎとって全裸にし、海石榴市（つばいち／つばきいち／つばきち、現在の奈良県桜井市）の駅舎へ連行し、群衆の目前で鞭打ちました。こんな乱暴な行為は、モリヤの名にふさわしいユダヤ人系だと推測できます。

ちなみに、司馬達等も、馬を連れて来た秦氏系でしょう。氏姓は鞍部村主《くらつくりのすぐり》あるいは鞍師首ともいわれています。子に鞍部多須奈《くらつくりたすな》（生没年不明）、孫に仏師鞍作止利《くらつくりのとり》がいます（止利仏師は馬の鞍作りだったのです）。鞍部多須奈は飛鳥時代の渡来系の仏師、技術者で、名は徳齊《とくせい》法師とも記されます。司馬達等の子で、鞍作止利の父でもあります。仏工として用明天皇のために坂田寺を建てたと伝えられており、日本に仏教が公に伝わる（仏教公伝）以前から仏教を信仰していたと考えられています。

『扶桑略記』によると、五二二年（継体天皇一六年）二月に大陸から仏僧が日本に渡来し、大和国高市郡坂田原に草堂を結び、本尊を安置し帰依礼拝します。また、会津地方にすでに六世紀はじめから仏教が伝来していたといわれています。

敏達天皇一三年（五八四年）播磨国で高麗からの渡来僧で還俗していた恵便《えべん》は、司馬達等の娘の嶋（善信尼）とその弟子二人を出家させたといいます。

神道が、教理もなく組織もなく、ひたすら自然道としてお天道様を中心に御霊信仰、皇祖霊信仰を行ってきた日本人にとって、仏教は仏像をはじめとして偶像崇拝を行い、さらに読経という経典口読を行い、インドの釈迦信仰を唱えていたとしても、まだまだその真意が理解できなかったにちがいありません。

話を戻すと、疫病はさらに激しくなり、天皇も病に伏します。馬子は自らの病が癒えず、再び仏法の許可を奏上しました。天皇は馬子に限り許し、馬子は三尼を崇拝して寺を営みました。ほどなくして、天皇は崩御し、殯宮で葬儀が行われ、馬子は佩刀《はいとう》して誄《しのびごと》（日本古代以来、貴人の死を哀悼し、生前の功績・徳行をたたえ、追憶する弔辞。誄詞《るいじ》とも呼ばれる。大王〈天皇〉には殯宮で奏され、功臣の棺前にも賜ったもの）を奉りました。

こうした仏教の葬儀こそ、神道にはないものでした。個人の死は、お寺が執り行うものだという習慣がつくられようとしたのです。それに反対する神道派の守屋は「猟《しし》箭《や》がつきたった鳥雀《ちょうじゃく》のようだ」と笑ったといいます。また、守屋が身を震わせて神道の伝統通りの「誄言《しのびごと》」を奉ると、反対に馬子は「鈴をつければよく鳴るであろう」と笑ったそうです。

敏達天皇の次には馬子の推す用明天皇（欽明天皇の子、母は馬子の妹）が即位しました。蘇我氏は姻戚関係で天皇と固く結びついていたのです。守屋のほうは敏達天皇の異母弟・穴穂部皇子《あなほべのみこ》と結びます。

用明天皇元年（五八六年）、穴穂部皇子は炊屋姫《かしきやひめ》（敏達天皇の后、のちの推古天皇）を犯そうと欲して殯宮《もがりのみや》に押し入ろうとしましたが、三輪逆《みわのさかう》に阻まれます。怨んだ穴穂部皇子は守屋に命じて三輪逆を殺させ、馬子は《天下の乱は遠からず来るであろう》と嘆きますが、守屋は《汝のような小臣の知る事にあらず》と答えたといいます。

◉蘇我氏の勝利に終わった「丁未の役」

そして、蘇我氏による物部氏の衰退を決定づけたのが丁未《ていび》の役です（詳細は第3章）。用明天皇二年四月二日（五八七年）、病の床に就かれた用明天皇は、三宝（仏法）を信奉したいと望まれます。そして群臣に議するよう詔しますが、守屋と中臣勝海は《国神に背いて他神を敬うなど、聞いたことがない》と反対します。馬子は《詔を奉ずるべき》とし、穴穂部皇子に僧の豊国を連れて来させました。守屋は睨みつけて大いに怒り、「史（書記）の毛屎《けくそ》が守屋に群臣たちが守屋の帰路を断とうとしている」と告げます。

守屋は朝廷を去り、別業のある阿都（河内国）へ退き、味方を募りました。排仏派の中臣勝海は彦人皇子と竹田皇子（馬子派の皇子）の像をつくり呪詛したといいます。やがて彦人皇子の邸へ行き帰服を誓います（自派に形勢不利と考えたとも、彦人皇子と馬子の関係がうまくいっておらず彦人皇子を擁した自派政権の確立を策したともいわれています）が、その帰路、舎人《とねり》迹見赤檮《とみのいちい》が中臣勝海を斬りました。守屋は一族の物部八《や》坂《さか》、大市造小坂《おおちのみやつこおさか》、漆部造兄《ぬりべのみやつこあに》を馬子のもとへ遣わし「群臣が我を殺そうと謀《はか》っているので、阿都へ退いた」と伝えました。

四月九日、用明天皇は崩御されます。守屋は穴穂部皇子を皇位につけようと謀りましたが、六月七日、馬子は炊屋姫の詔を得て、穴穂部皇子の宮を包囲して誅殺しました。翌日、宅部皇子を誅し、蘇我馬子の一連の暗殺が始まったのです。

七月、馬子は群臣にはかり、守屋を滅ぼすことを決め、泊瀬部皇子、竹田皇子、厩戸皇子などの皇子や諸豪族の軍兵を率いて河内国渋川郡（現・大阪府東大阪市衣摺）の守屋の邸へ向かいます。一族を集めて稲城を築いた守屋の軍は強盛で、朴の木の枝間によじ登り、雨のように矢を射かけます。皇子らの軍兵は恐怖し、退却を余儀なくされ、これを見た厩戸皇子は仏法の加護を得ようと白膠《ぬで》の木を切り、四天王の像をつくって戦勝を祈願し、勝利すれば仏塔を作り仏法の弘通《ぐつう》に努めると誓います。馬子は軍を立て直して進軍させました。

迹見赤檮《とみのいちい》が大木に登っている守屋を射殺すると寄せ手は攻めかかり、引き続き守屋の子らを殺害し、守屋の軍は敗北して逃げ散りました。生き残った守屋の子のうち片野田と辰狐兄弟は、前者は筑前国鞍手《くらて》に、後者は肥前国松浦に流罪にされたといいます。

この丁未の役は、八尾市南太子堂において起こったことで、迹見赤檮が物部守屋を射たときの矢を埋めたとされる鏑矢塚《かぶらやづか》、その南西には弓を埋めたとされる弓代塚《ゆみしろづか》（迹見赤檮発箭地史蹟）があることでも確認されています。

その後、厩戸皇子は摂津国（現在の大阪府大阪市天王寺区）に四天王寺を建立しました。物部氏の領地（『本願縁起』いわく、河内国の弓削《ゆげ》・鞍作《くらつくり》・祖父間・衣摺《きずり》・蚏中・足代《あしろ》・御立・葦原と摂津国の於勢《おせ》・模江・鵄田・熊凝《くまごり》）と奴隷（『本願縁起』いわく、二七三人）は両分され、半分は馬子のものになりました。馬子の妻が守屋の妹であるので物部氏の相続権があると主張したためです。また、半分は四天王寺へ寄進されました。

『先代旧事本紀』には、第五巻「天孫本紀」に、物部尾輿の子で物部大市御狩連の弟、弓削大連とも、池邊雙槻宮《いけのへのなみつきのみや》天皇（用明天皇）の時に大連となり、神宮の斎となったとあります。第九巻「帝皇本紀」では用明天皇が九月五日に即位した際、物部弓削《もののべのゆげの》守屋《もりや》を大連また大臣とし、用明天皇二年夏四月二日、磐余河上の新嘗祭に病で帰った用明天皇が三宝を敬うことを検討するよう家臣に言ったさい、中臣勝海連《なかとみのかつみのむらじ》と共に国神に叛《そむ》き他神を敬うことはできず聞いたこともないと反対した、とあります。『先代旧事本紀』は物部氏系の文書ですから、その経緯を詳細に述べていませんが、あくまで国神を守る立場を貫いていることは、蘇我氏の仏教支持の本性を見抜いていたのかもしれません。それはモリヤという言葉が、同じユダヤ人系であることが示唆されているからです。

そのことは、兵庫県神戸市北区八多町の八多神社において、古い記録（『幡多明神御由来記』文亀三年　神祇大副卜部兼具撰）があることでも推測できます。八多神社の「八多」とは秦氏の「はた」で、ユダヤ人系であることがわかります。

幡多明神とは、ある意味ユダヤ人の先祖の神であり、その由来記によれば、「三一代用明天皇の時、物部守屋が六甲の嶺より遥か西北に杉・檜の森を望み、神霊の宿る聖なる杜であると信じ訪ねたところ、樵《きこり》がいて、『天照大御神は神代の昔からこの杜に鎮座され、神功皇后に付き添って三韓を親征し、皇后は神の教えに従いお祀りになった』と告げた。守屋は斎戒《さいかい》し、謹んでお祀りし、神のお告げを受け、殿舎を建て荘田を献じた」とされています。

ここには、秦氏がすでに天照大明神の信仰者となり、日本の天照大神の信仰と高天原＝日高見国系の側につき、出雲系である蘇我氏系と離反していることが理解されるのです。

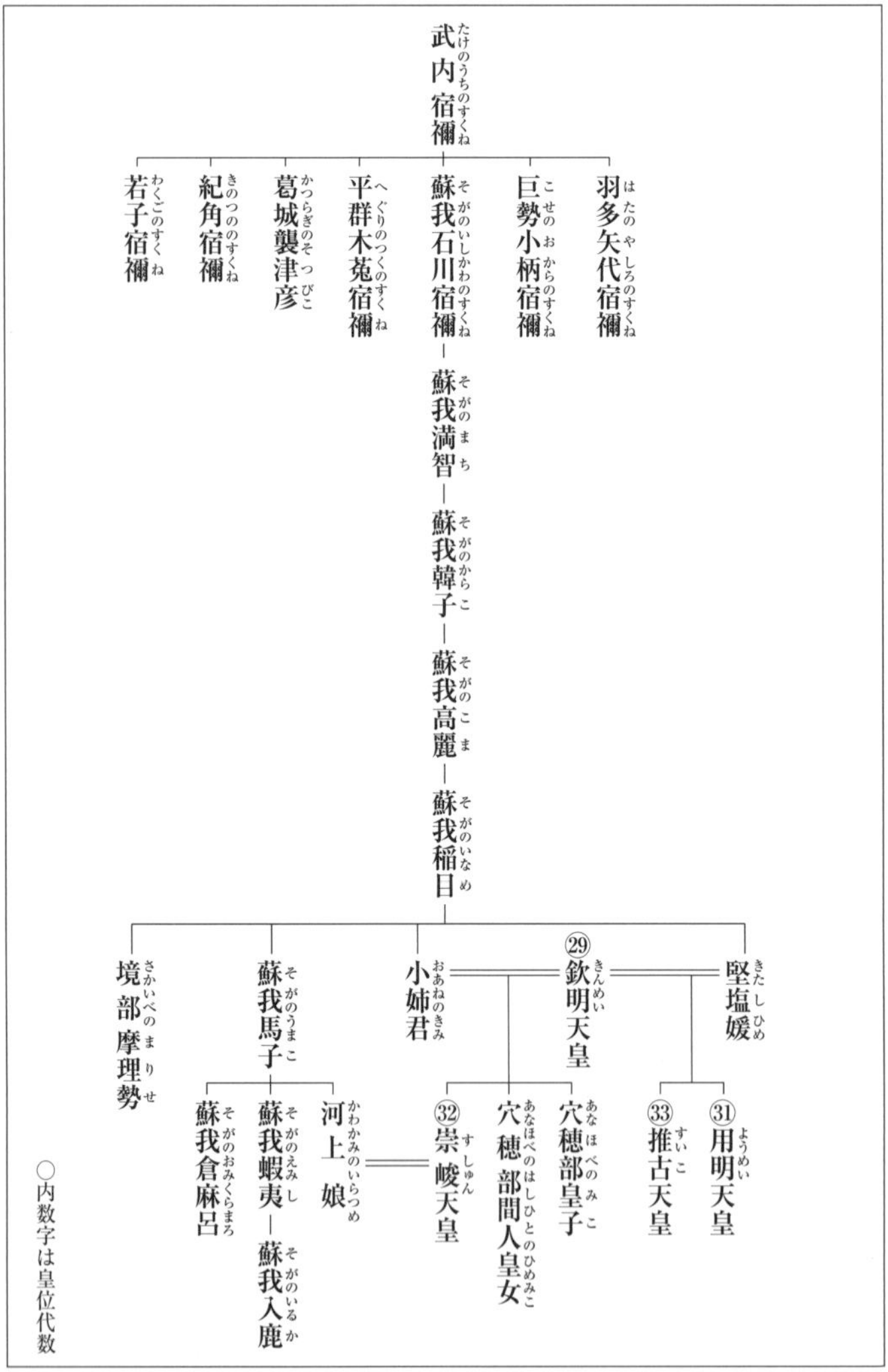
武内宿禰《たけのうちのすくね》
羽多矢代宿禰《はたのやしろのすくね》
巨勢小柄宿禰《こせのおからのすくね》
蘇我石川宿禰《そがのいしかわのすくね》
平群木菟宿禰《へぐりのつくのすくね》
葛城襲津彦《かつらぎのそつびこ》
紀角宿禰《きのつののすくね》
若子宿禰《わくごのすくね》
蘇我満智《そがのまち》
蘇我韓子《そがのからこ》
蘇我高麗《そがのこま》
蘇我稲目《そがのいなめ》
堅塩媛《きたしひめ》
㉙欽明天皇《きんめい》
小姉君《おあねのきみ》
蘇我馬子《そがのうまこ》
境部摩理勢《さかいべのまりせ》
㉛用明天皇《ようめい》
㉝推古天皇《すいこ》
穴穂部皇子《あなほべのみこ》
穴穂部間人皇女《あなほべのはしひとのひめみこ》
㉜崇峻天皇《すしゅん》
河上娘《かわかみのいらつめ》
蘇我蝦夷《そがのえみし》
蘇我入鹿《そがのいるか》
蘇我倉麻呂《そがのおみくらまろ》
○内数字は皇位代数

表１　蘇我氏家系略図

第2章　厩戸皇子という名と蘇我馬子という名前
——蘇我＝我蘇り、厩戸の皇子＝キリストの符号

◉聖徳太子のさまざまな呼び名

「聖徳太子という名は後世の尊称ないし諡号《しごう》にすぎない」として、学界の多くの論文で使っていません。本名が厩戸皇子（うまやどのみこ／うまやどのおうじ）、厩戸王（うまやとおう）だからといってそれらの名を使用していますが、それは聖徳太子という権威名、権威力を批判する戦後の歴史観であるフランクフルト学派の「批判理論」を日本史に持ち込んでいるのです。

日本の学者はこうした西洋理論を知らない人が多いですが、「批判理論」は西洋の二〇世紀後半の学界を支配した理論です。左翼ユダヤ人学者を中心とした理論がいつ

のまにか日本の学界を支配していたわけで、彼らの説く「聖徳太子不在説」には何の根拠もありません。ただ面白いのは彼らは「厩戸皇子」を使うことによって、実は西洋の大きな権威名を持ち込もうとしているのです。その名とは、言わずと知れた馬小屋（厩戸）で生まれたイエス・キリストです。

そして太子を取り囲む蘇我氏の名が「我、蘇り」であるという意味も理解していない学者がほとんどです。つまり「キリストが蘇り」というキリスト教の知識なしには、古代史は理解できないのです。帰化人に西洋人、キリスト教徒ユダヤ人がいたという問題をしっかりとらえていないと、日本の古代史は把握できません。

そもそも「聖徳太子」という名称は、薨御《こうぎょ》一二九年後の天平勝宝三年（七五一年）に編纂された『懐風藻《かいふうそう》』の序にある「逮乎聖徳太子。設爵分官。肇制礼儀。然而専崇釈教。未遑篇章」が初出とされています。そして、平安時代に成立した史書『日本三代実録』『大鏡』『東大寺要録』などで「聖徳太子」と記載され、遅くともこの時期には「聖徳太子」の名が一般的な名称となっていたことがうかがえます。

一方、「厩戸」という二字だけの本名については、同時代史料には残っておらず、

「上宮《かみつみや》」を冠した呼称があるのみです。和銅五年（七一二年）成立の『古事記』では「上宮《かみつみや》之《の》厩戸《うまやとの》豊《とよ》聡《と》耳命《みみのみこと》」とされていますし、養老四年（七二〇年）成立の『日本書紀』「皇極天皇紀」では太子の一族が居住していた斑鳩宮《いかるがのみや》を指して「上宮」と呼称しているほか、太子の子である山背大兄王《やましろのおおえのおう》を「上宮王」、娘を「上宮大娘姫王」とも呼んでいます。さらに一三世紀の顕真《けんしん》が記した『聖徳太子伝私記』でも、それが引用されています。

斑鳩宮とは、聖徳太子が現在の奈良県生駒郡斑鳩町に建てた宮殿ですが、『日本書紀』によると厩戸皇子は、推古天皇九年（六〇一年）に斑鳩宮を造営し、推古天皇一三年（六〇五年）に移り住んだとされています。

また、皇子の手により、斑鳩宮の西方に斑鳩伽藍群（法隆寺・中宮寺・法輪寺・法起寺）が建立されたことはよく知られています。

「斑鳩」という名の由来は、一説によるとこの地に斑鳩という鳥が群をなしていたためだといわれています。この鳥はイカルという鳥で、漢字で斑鳩・鵤とも書きます。

また、聖徳太子が法隆寺を建てる土地を探しておられると、「いかる」の群れが集まって空に舞い上がり、ここが仏法興隆の地であると教えたとも伝えられています。

厩戸皇子は、叔母の推古天皇のもと、蘇我馬子と協調して政治を行い、国際的緊張のなかで遣隋使を派遣するなど大陸の進んだ文化や制度を取り入れ、冠位十二階や十七条憲法を定めるなど、天皇を中心とした中央集権国家体制の確立を図ったほか、仏教を篤く信仰し興隆に努めていたのです。

また、高句麗から来日した慧慈《えじ》が「上宮《うえのみやの》厩戸《うまやと》豊聡《とよと》耳《みみの》太子《ひつぎみこ》」の名を使った記述もあり、「豊耳《とよみみ》聡《さと》聖徳《しょうとく》」「豊聡《とよと》耳《みみの》法《のりの》大王《おおきみ》」「法主王」「東宮聖徳」といった尊称が記されています。「推古天皇紀」でも「厩戸豊聡耳皇子命」とされているほか、用明天皇紀では「豊耳聡聖徳」という表記も見られます。

私は、「豊聡耳」とは美豆良《みずら》のことではないかと推察しています。美豆良は、ユダヤ人特有の髪型で、『レビ記』に「ユダヤ人は必ず美豆良をつけるべし」と書かれていますが、この「聡」は、「さとい」「賢い」という意味で、太子は一度に一〇人の人の言葉を聞くことができるなど、偏の耳という意味にこだわった解釈がされています。

聖徳太子の二歳の像を除く一六歳以上の肖像では耳の前に美豆良をつけており、「耳の美豆良から聡いという意味が出てきた」と考えられます。

◉日本に流れてきたユダヤ人・蘇我氏

聖徳太子とキリストの関連性は、明治時代の学者・佐伯好郎《よしろう》の研究以来、指摘されていました。中国に伝えられていた景教、すなわちキリスト教のネストリウス派が日本に入っており、その結果、キリストが馬小屋で生まれたことと太子が厩戸の前で生まれたこととが関連しているのではないか、という指摘です。ネストリウス派は、ローマ帝国で国教化したのち東西に分裂したキリスト教の、東方教会のコンスタンティノープル総主教ネストリオスにより説かれた一派で、四三一年のエフェソス公会議において異端決定され、排斥されました。

これはキリストの本性をどう見るかについての議論で、正統派のキリストの本性を人性と神性の両性を有するという両性論が主流となりましたが、それに対する批判としてネストリウス派は、「キリストの本質は神性しか認められない」という単性説でした。

イスラエルのユダヤ人たちは故国を追われ、ディアスポラ（民族離散）になって、その多くが最終的に日本にまでやって来ました。それが蘇我氏なのです。排斥されたネストリウス派はササーン朝ペルシャ帝国へ亡命し、七世紀頃には中央アジア・モンゴル・中国へと渡って来たとされています。唐代の中国においては「景教」と呼ばれていますが、中国あるいは中央アジア、モンゴルよりも日本で蘇我氏によって六世紀の早い段階で入っていたのです。「我、蘇り」という言葉も、そのことを表しています。

こうした考えに至らなかったのは、「日本に影響を与えたのは朝鮮、中国である」という考え方を超えられなかったため、ユダヤ人問題は取り上げられなかったからなのです。

ここで、聖徳太子とともに日本の仏教導入に力をもった蘇我氏について考えてみます。「蘇我の四代」と呼ばれる蘇我氏は、先述したように「我、蘇り」という意味ですが、これがどんな意味なのかこれまで誰も問うてきませんでした。

蘇我氏の全盛期は六世紀以降ですが、すでに三世紀から多くの渡来人が日本に来ていたことから、彼らがキリスト教に関係していたとしても不思議ではありません。弓《ゆ》月《づき》国から日本に多くの民が応神《おうじん》天皇の時代にやって来たことは、『日本書紀』に記されています。

それは特に、ユダヤ人埴輪の発見によって確実視されます。古墳時代後期、ユダヤ人系が渡来人としての技術と生産力をもち、外交において朝廷を助け、その実力を発揮して新しい時代を萌芽させましたが、それが蘇我氏でした。

蘇我氏は六世紀、仏教の支持者として活躍しましたが、その立場は、「我、蘇り」とする磔刑《たっけい》に処せられて死んだあと、神としてもう一度復活するキリストの絶対性を主張するものでした。ネストリウス派がそうであるように、聖母マリアを聖者として認めず、キリストのみを絶対化する立場だったのです。

◉厩戸で生まれた聖徳太子と馬小屋で生まれたキリスト

「厩戸王」という名は、実は何の歴史的根拠もありません。歴史学者の小倉豊文が昭和三八年（一九六三年）の論文で、「生前の名であると思うが論証は省略する」として、仮の名としてこの名称を用いましたが、以降も論証することはなく、日本史学者で仏教史学者でもある田村圓澄《えんちょう》が一九六四年発刊の『聖徳太子　斑鳩宮の争い』（中公新書）で注釈なしに本名として扱ったことで広まったのです。聖徳太子という名を忌避

図４　「人が乗る馬形埴輪」伊勢崎市雷電神社跡古墳出土　大林寺蔵／写真：群馬県立歴史博物館

する戦後の研究者の、無意味な捏造といえるでしょう。

読み方としては、『元興寺《がんごうじ》伽藍縁起《がらんえんぎ》并《ならびに》流《る》記資財帳《きしざいちょう》』が引く「元興寺露盤銘《ろばんめい》」には「有麻移刀《うまやと》」、「元興寺縁起」には「馬屋門、馬屋戸」と記載されており、読みが「ウマヤト」であったとされています。『日本書紀』「推古天皇元年四月条」には、「厩戸前にて出生した」という記述があり、『上宮《じょうぐう》聖徳法王帝説』では「厩戸を出たところで生まれた」とされ、「厩戸」の名はこれに基づくものと考えられています。

しかし、それがキリストを示唆しているということまでは、考察が及んでいません。キリストとの関連性について言わないのは、その知識がないからでしょう。「厩戸」の名は、キリスト教のネストリウス派の命名で、キリスト教『聖書』の救世主の誕生の所以《ゆえん》を語っており、「蘇我＝我蘇り」「厩戸の王子＝キリスト」なのです。

そして馬子は「馬を連れた子」であり、埴輪の馬に美豆良をつけたユダヤ人が乗っている図を提示すれば十分でしょう（図4）。

◉キリスト教と仏教との共通点

五、六世紀に多くのユダヤ人系が来日しているのは事実で、美豆良をつけた大量のユダヤ人埴輪の存在がそれを証明しています。

『古事記』では波多臣《はたのおみ》、林臣《はやしのおみ》、波美臣《はみのおみ》、星川臣、淡海臣《おうみのおみ》、長谷部君《はつせべのきみ》らを諸氏族の祖としています。これは波多氏、林氏、波美氏は秦《はた》氏の別名で、蘇我氏とともに聖徳太子を補佐して活躍する秦河勝《はたのかわかつ》を生み出したのです。

ちなみに秦河勝といえば、『日本書紀』に皇極天皇三年の秋（七月）に東国の富士川のほとりの人・大生部多《おおふべのおお》が、虫祭りで虫を「常世《とこよ》の神」と呼んで新興宗教を興したので、葛野《かどの》の秦河勝がこれらを懲らしめたというエピソードがあります。秦河勝は、皇極二年（六四三年）、蘇我入鹿《そがのいるか》が山背大兄王の一家断絶の際、都を去って赤穂に逃げました（第14章で詳述します）。

秦氏は、古代に朝鮮半島から渡来した人で、『日本書紀』「応神天皇条」に、秦始皇帝の子孫という伝承をもつ弓月君《ゆづきのきみ》が多数の民を率いて渡来したことに始まります。「はた」は古代朝鮮語で「海」の意で、実際は五世紀中頃に新羅から渡来した氏族集団と考えられています。山城国葛野郡太秦《かどのぐんうずまさ》あたりを本拠とし、近畿一帯に強い地盤を築きました。

秦氏にはいろいろな伝承があり、代表的なものは雄略天皇の頃、族長の秦酒公《はたのさけきみ》が全国に分散していた一八〇種の勝《すぐり》（部）を集め、調・庸の絹をうずたかく盛り朝廷に献上して禹豆麻佐《うつまさ》の姓を与えられ（『日本書紀』）、太秦の地名もこれに由来するといいます。同じ渡来人でも、秦氏は蘇我氏とともに行動していません。秦氏は神道を重んじ、神社を多くつくる方向にいきます。

明治時代の佐伯好郎氏は「太秦（禹豆麻佐）を論ず」という論文で、「秦氏は景教（キリスト教のネストリウス派）徒のユダヤ人である」と考察しました。その内容は、

「大闢《だいびゃく》大主」は中国の景教の経典においてはダビデの意味であり、秦氏の建立した神社である大避《おおさけ》神社（大酒神社）であると、また景教の寺は「大秦寺」で、太秦と関係があるとすでに指摘しています。

ネストリウス派の蘇我氏は、秦氏とは異なっていました。私はさまざまな著書で、「秦氏は秦の始皇帝を始祖とするユダヤ系の人々」で、そのことはすでに古墳時代と結びつけて「三世紀頃までやって来ていた中国経由のユダヤ人たちである」と述べてきました。

秦氏はキリスト教布教を早々に放棄しましたが、蘇我氏は新しい移民の氏族、ネストリウス派として日本にやって来て、秦氏らとともにキリストを仏教の釈迦に変え、その教義の中で日本を変えようとしたと見られます。つまり、隠れキリスト信仰だったのです。

もともとキリスト教は仏教との共通点が多く、『新約聖書』のキリスト像は、一二にわたって仏教との関係の深さがうかがえます。

（一）神聖受胎、（二）賢者の礼拝、（三）名前の類似性、（四）嬰児《えいじ》殺し、（五）少年時代の学者との論争、(六) 洗礼という行為、(七) 苦行と悪魔の誘い、(八) 食物の奇跡、(九) 水上を渡る奇跡、(一〇) 放蕩息子の帰還、(一一) 低い階級の女性との出会い、(一二) その死の大きさ、などが類似しています。このことからだけでも、キリスト教がいかに仏教を学んでいたかがわかります。

つまり、ネストリウス派の蘇我馬子が仏教を偽装していたとしても、それほど疑義をもたれなかったでしょう。

◉蘇我氏の意に沿わなかった聖徳太子

蘇我馬子が、厩戸皇子を日本のキリストに仕立てて日本をキリスト教化しようとしたと考えても、無理なことではありません。聖徳太子のエピソードにはキリスト教的なものが多いですが、蘇我氏がそうした話を流していたとさえ感じさせられます。

逆に、聖徳太子がそうしたことを否定して、「世間虚仮《こけ》　唯仏是真」と主張したため、馬子は太子暗殺に向かったのではないかというのが、私の推測です。なぜなら、馬子は身内でさえも殺すことができる冷酷さをもっているからです。

蘇我氏は、ネストリウス派がマリアの神性を認めないという点で、釈迦をキリストとして考えたのではないかと思われます。釈迦を生んだマヤは象から神聖受胎をしたといえ、マヤが釈迦と同じように神性をもたないところが共通するからです。

表面的には、この頃、仏教の受容を巡って崇仏派の蘇我馬子と排仏派の物部守屋とが激しく対立していたと考えられています。用明天皇二年（五八七年）、用明天皇は崩御し、皇位を巡って争いになり、蘇我馬子は豊御食炊屋姫《とよみけかしぎやひめ》（敏達天皇の皇后）の詔を得て、守屋が推す穴穂部皇子を誅殺してしまいます。そして諸豪族、諸皇子を集めて守屋討伐の大軍を起こしました。

馬子と守屋の争いについては次章で説明しますが、興味深いのは物部守屋が、「モリヤ」というエルサレムのモリヤ山の名をとっていることです。これは諏訪にある守屋山と同じ名前をつけていることと無関係ではありません。諏訪については今でも古い伝説として、物部守屋の息子の竹麻呂がいたことが記録に残されています。

モリヤ山は、息子イサクを神の命で殺すように言われたアブラハムがそれに従おうとしたものの、最後の段階で天使にやめるように伝えられ、その代わり羊を犠牲にした山です。諏訪には江戸時代まで、そのモリヤ山の儀式が繰り返し演じられていました。しかし犠牲となったのは、羊ではなく鹿でした（実際にそれを見た江戸時代の学者・菅江真澄がその儀式を伝えています）。

アブラハムはモリヤ山を、ヤハウェ・イルエ（ヤハウェに供える）と名づけました（『創世記』二二章二節、『歴代誌下』三章一節の二箇所）。さらに『歴代誌　下』では、ソロモン王が「エルサレムのモリヤ山」で神殿の建築を始めています。その一節によれば、モリヤ山はソロモンの父・ダビテの前に神が現れた場所でもあったといいます。

したがって、この守屋も帰化人のユダヤ系人物ということになりますが、守屋が物部氏の一員となって神道派に加担するということは、五、六世紀にやって来たユダヤ人がネストリウス派系で、それ以前のユダヤ人が神道系であったということになります。

これら物部氏は蘇我氏に破れることになりますが、思想は消滅せず、その流れは聖徳太子の神仏の思想として融合していくことになるのです。のちにユダヤ系の秦氏が八幡神社、稲荷神社など多くの神社をつくって神道に貢献していったことは、ここに端を発しています。

第3章　丁未の役——蘇我・物部氏の争い

◉蘇我氏と仏教——馬子対守屋

蘇我氏と物部氏との戦いを見ておきましょう。これまでの説によると、仏教の受容を巡って、崇仏派である大臣・蘇我馬子や、排仏派である大連《おおむらじ》・物部守屋《もののべのもりや》、神祇を司る氏族である中臣勝海《なかとみのかつみ》は激しく対立していました。

そこには必ずしも仏教派内での対立は出てきませんが、蘇我氏と秦氏との隠然とした対立があったと思われます。しかし時の政権は、蘇我氏によって占められていました。

これに皇位継承の問題が絡むのです。守屋と勝海は穴穂部皇子《あなほべのみこ》を支持していました。

用明天皇二年（五八七年）四月、用明天皇は重い病に伏し、三宝（仏法）を信仰することを欲して群臣に諮《はか》ります。守屋と勝海は用明天皇の意思に強く反対しましたが、詔《みことのり》を奉ずべしとした馬子は豊御食炊屋姫《とよみけかしきやひめ》（敏達《びだつ》天皇の皇后）の詔を得て、守屋が推す穴穂部皇子を誅殺し、諸豪族、諸皇子を集めて守屋討伐の大軍を起こしました。蘇我氏に関係の深い厩戸皇子もこの軍に加わりました。丁未《ていび》の役です。

ここで注目しなければならないのは、蘇我氏の極端なテロリスト的な性格です。対立する物部氏の皇位候補を誅殺するということは、彼らの専横的性格をよく示しています。この問題は本書のテーマの一つですが、ともかく日本人的性格ではないのです。

守屋は激怒しましたが、群臣の多くが敵であることを知り、河内国の本拠へ退きます。勝海は、敏達天皇の皇子・彦人皇子《ひこひとのみこ》と竹田皇子《たけだのみこ》（馬子派の皇子）の像をつくり、呪詛します。

討伐軍は河内国渋川郡河の守屋の館を攻めましたが、もののふ（武士）でもあった軍事氏族である物部氏の兵は精強で、稲城《いなき》をつくって抵抗します。稲城とは、上代、敵に急襲された場合など、わらの束を家の周囲に積み上げて胸壁とし、矢や石などを防いだもので、後世、城の意にも用いられました。『古事記』には、「其の王、稲城を作りて待ち戦ひき」とあります。物部氏は稲城を築いて頑強に抵抗したため、討伐軍は三度撃退されました。

これを見た厩戸皇子は、白膠《ヌルデ》の木を切って四天王の像をつくり、戦勝を祈願して、「勝利すれば仏塔をつくり仏法の弘通《ぐずう》に努める」と誓いました。

討伐軍は物部軍を攻め立て、守屋は迹見赤檮《とみのいちい》に射殺されます。軍衆は逃げ散り、大豪族であった物部氏は没落したのです（八尾市南太子堂には、迹見赤檮が物部守屋を射たときの矢を埋めたとされる鏑矢塚《かぶらやづか》があり、その南西には弓を埋めたとされる弓代塚があります：迹見赤檮発箭地史蹟《はっせんちしせき》）。

戦後、殊勲者の赤檮は、物部氏の遺領から一万田を賜与されたといいます。赤檮は、飛鳥時代の舎人とされていますが、やはりユダヤ人系の人物と考えられます。姓（カバネ）は首《おびと》。押坂彦人大兄皇子《おしさかのひこひとのおおえのみこ》（彦人皇子）または聖徳太子の舎人ともなっています。迹見氏（迹見首、登美首、止美首）は『新撰姓氏録』では毛野氏族に属する皇別氏族ですが、渡来系氏族とする説が濃厚です。

赤檮の出自である迹見首は、毛野氏族の登美首・止美首とは別系統であり、物部氏の一族で鳥美物部の伴造氏族とする説もあります。「毛」のつく氏族は、関東の下野毛、上野毛にもあるように、渡来のユダヤ人系なのです。

また、跡見花蹊《あとみかけい》を輩出した跡見家の伝承によると、天児屋命《あめのこやねのみこと》の子・天種子命の末裔であるといいます。

第4章　蘇我馬子による崇峻天皇の殺害

◉崇峻天皇への馬子の殺意

用明天皇二年（五八七年）、用明天皇が崩御すると物部守屋《もののべのもりや》を攻め滅ぼして朝廷の実権を握った馬子《うまこ》は、第三二代崇峻《すしゅん》天皇を擁立しました。崇峻天皇は当初、表面的には馬子のいう通りに仏教促進と思われましたが、崇峻天皇自身については馬子とのかかわりを示す記事は存在しません。

崇峻天皇五年（五九二年）一〇月、天皇へ猪が献上された際に、崇峻は猪を指して「いつか猪の首を切るように、朕が憎いと思う者を斬りたいものだ」と発言し、多数の兵を召集するという事件が起きました。それが本当だったかどうかはわかりませんが、馬子は崇峻天皇の発言を知り、天皇が自分を嫌っていると考え、天皇殺害を決意したといいます。このことも、尋常ではない馬子の心の動きが感じられます。相手が天皇であろうと、自らの仏教支持の態度とは関係のない無慈悲な行為ができるのです。

崇峻天皇と対立関係となった馬子は、同年一一月、東国から調があると偽って、東漢駒《やまとのあやのこま》（飛鳥時代の人物で、名は盤《いわお》または駒子とも記される。姓は直。東漢磐井の子。坂上駒子とも。坂上弓東の父）に命じて崇峻天皇を暗殺します。暗殺後、駒は馬子の娘である河上娘《かわかみのいらつめ》（崇峻天皇の嬪《ひん》）を奪って自らの妻としますが、河上娘を穢されたことを知って怒った馬子に殺害されます（崇峻天皇暗殺の口封じともされています）。

河上娘は崇峻天皇の女御で、飛鳥川の川上にいたので河上娘と呼ばれました。聖徳太子の妃で山背大兄王《やましろのおおえのおう》らの生母である刀自古郎女《とじこのいらつめ》と同一人物とされることもありますが、河上娘を刀自古郎女の姉とすることもあり、はっきりしません。

この崇峻天皇暗殺事件は、歴史上極めて稀な事件であり、下手人は死刑に処せられるべき「大逆罪」の事件でした。しかし不思議なことに、それが馬子に課せられなかったのです。それがなぜなのか、当然考察しなければなりませんが、とにかく、当時の周囲の人々に「大逆罪に値しない」という演出を試みていたわけで、それはある種の陰謀といえます。

◉暗殺された天皇について

ちなみに、天皇が暗殺された例はほかに、第二〇代安康《あんこう》天皇が眉輪王《まよわのおおきみ》によって暗殺されたと『日本書紀』に明確に記されていますが、史実性が低いとして除外されることも多いのです。『日本書紀』での名は穴穂天皇（安康天皇）で、暗殺されたと明確に記された最初の天皇です。

犯人の眉輪王（允恭《いんぎょう》天皇三九年－安康天皇三年〈四五〇年－四五六年〉）は、「記紀」に伝えられる五世紀頃の皇族（王族）です。『古事記』では目弱王と表記され、父は仁徳天皇の皇子である大草香皇子《おおくさかのみこ》、母は履中《りちゅう》天皇の皇女である中蒂姫命《なかしひめのみこと》です。

「記紀」によれば、父の大草香皇子が罪無くして安康天皇に誅殺されたあと、母の中蒂姫命は安康天皇の皇后に立てられ、眉輪王は連れ子として育てられました。

安康天皇三年（四五六年）八月、幼くして（『古事記』では七歳）楼《たかどの》の下で遊んでいた王は、安康天皇と母の会話を残らず盗み聞いて、亡父が天皇によって殺されたことを悟り、熟睡中の天皇を刺殺します（眉輪王の変）。

その後、坂合黒彦皇子《さかいのくろひこのみこ》とともに円大臣《つぶらのおおみ》の宅に逃げ込みましたが、大泊瀬皇子《おおはつせのみこ》（のちの雄略天皇）の兵に攻められ、大臣の助命嘆願も空しく諸共に焼き殺されたといいますから、蘇我《そが》馬子のように処刑を免れたわけではありません。ですから馬子の事件はかなり例外的といえるでしょう。馬子の横暴はこの犯罪の事実を消すという挙に出たことで、さらに陰険に見えます。

安康天皇が暗殺されたと考えるなら、崇峻天皇とともに「暗殺された二人の天皇の一人」という扱いとなります。また、配流先からの逃亡に失敗した直後に急逝した淳仁《じゅんにん》天皇の例は有力ではあるものの未確定で、毒殺の疑いのある孝明《こうめい》天皇については多くの反論が出されています（ほかに文徳《もんとく》天皇など不審死を疑う研究者もいますが、臆測の範囲でしょう）。なお、安徳天皇は無理心中とされ殺害とは区別されています。

◉キリスト教的立場だった蘇我氏

暗殺された崇峻天皇は、大伴糠手子《おおとものぬかてこ》の娘の小手子《こてこ》との間に蜂子皇子《はちこのおうじ》をもうけていました。後日談のなかで、「蘇我嬪・河上娘」の名がありますが、小手子が后妃という文言が載っていないのは、崇峻の皇子女を産んでいないか、正式な妃でなかったか、実在の人物でなかったという可能性があります。しかしいずれにせよ、崇峻の主要な后妃が小手子であったのは確かです。

天皇家との身内的結合を第一の権力の基盤としていた蘇我氏にとって、崇峻が大伴氏の娘と結婚したことは危機的な要素でした。蜂子皇子が皇位を継承すれば、蘇我氏は外戚の地位を確保できなくなり、大王家の嫡流が崇峻系に移ってしまう可能性があったからです。

つまり、ここに蘇我馬子の陰謀があるといえるのです。事実を隠し、自分らの安泰を守るという意図を見ることができるからです。こうした行為は、彼の表面的な仏教的な立場とは無縁で、そこには馬子のキリスト教ネストリウス派の立場が見えてきます。仏教的なお題目は、自らの政治的、宗教的支配の口実であったと考えられます。

このことをより現実的に指摘してみます。馬子は、五八八年に飛鳥寺を建立していますが、飛鳥寺の御本尊は銅造「釈迦如来」坐像であることが知られています。像高は二・七五メートルですが、その後の火災で傷んでいるものの、大きな目と尖った鼻

図5　飛鳥大仏　奈良　飛鳥寺

は、それが日本人的ではないことがかります。

この飛鳥大仏は面長で、ほかの釈迦像の平たい面様と異なる、彫りの深い異人（ユダヤ人？）のような顔つきに見えますし、鬢がユダヤ人風の美豆良《みずら》風になっています。この飛鳥大仏をつくった「鞍作止利《くらつくりのとり》」という仏師の祖父にあたる人物が帰化人と伝えられることとも関係があるでしょう。ちなみにこの鞍作止利は、法隆寺の釈迦三尊像もつくっており、蘇我氏と密接な関係がある仏師です。

◉馬子が罰せられなかった背景

崇峻天皇は新羅に対し、崇峻天皇二年（五九一年）に任那復興軍の派遣をしています。『日本書紀』によれば、天皇自らが発議され、マヘツキミの層（天皇の御前に侍し、奏《そう》宣《せん》にあずかる者でのちの太政官を構成した議政官にあたる）がそれに同意して「二万余」の兵が筑紫に出陣し、新羅を問責する使者が発遣されました。

崇峻天皇としてみれば、欽明《きんめい》天皇以来の悲願を自分の代に一気に解決しようとしたのです。

しかし崇峻と蘇我氏やマヘツキミ層は、いくつかの問題で分裂を起こすようになりました。崇峻天皇は、大臣の蘇我馬子や前大后の豊御食炊屋姫との対立が顕在化したとき、支持者が少なかった結果、支配者層の同意の下で殺害されることになったと推察されています。

しかもその要因は后妃問題、宗教政策、地方支配、対外戦争も含めた外交問題など多岐にわたっており、王権の存立の根幹にかかわる問題と考えられたのでしょう。

とはいえ、天皇に即位された以上、あくまで最高位の存在です。大臣といえども、その暗殺を行ったことは重大な犯罪です。繰り返しますが、天皇暗殺命令を出した馬子がなぜ断罪されていないのかは日本の歴史上、最大の謎の一つです。さらに馬子は、殺害命令を実行した東漢駒《やまとのあやのこま》も暗殺しましたが、この二重の犯罪は馬子のさらなる背信行為でしょう。

こうした異例のテロを行ったにもかかわらず、次の天皇によっても何ら断罪されていないということに異常さを感じます。この最大の犯罪を歴史家が無視することはできないはずです。これが可能にできるのはこのときだけ、日本の伝統とまったく異質の犯罪者がいたということです。一五〇〇年以上たった現在、馬子を裁判し、死刑執行を行うことができない以上、歴史家のするべきことは、これを認めた時代の例外性をいかに説明するかということです。

唯一、「天皇暗殺」を許し、「革命」を許し、その行為を断罪しなかったのは、非難することを許さぬ彼らの体質と恐怖政治があったと見る以外にないでしょう。それは東漢駒と同じ気質をもち、それを指示する立場の人間です。

つまり、ユダヤ人と中国人である東漢駒との共謀ととらえざるをえません。ユダヤ人は長い暗殺の歴史をもつ民族で、暗殺を平気で行うと思われるからです。その歴史を紐解けば、中国人もまた暗殺を平気で行う民族だと理解できます。

崇峻天皇は崩御された当日に葬ったことと、陵地・陵戸がないことはほかに例がなく、ここからも暗殺されたことがわかります。

歴史学者の佐藤長門は「王殺し」という異常事態下であるにもかかわらず、天皇暗殺後に内外に格段の動揺が発生していないことを重視し、馬子個人の策動ではなく多数の皇族・群臣の同意を得たうえでの「宮廷クーデター」であった可能性を指摘しています。

しかしこの説は、蘇我氏が一種の恐怖政治を敷いていたという状況を無視しています。共犯の東漢駒でさえ殺害しても非難されていませんが、それは崇峻天皇暗殺の口封じであったとされていると考えられています。天皇の暗殺により、蘇我氏は権力を掌握し、さらなる恐怖政治を行っていくこととなるのです。

第5章　推古天皇の即位の例外性

◉推古天皇の即位の例外性

崇峻《すしゅん》天皇亡きあと、複数の男子の皇位継承者がいるなかで、いちばん年長の押坂《おしさかの》彦人大兄《ひこひとのおおえ》皇子（生母は広姫）が継承するはずでした。しかし生母が蘇我氏出身ではなく大伴氏だったことと、蘇我氏と皇室とのあいだで政治的対立を避け融和を図るためにも、崇峻天皇の異母姉にあたり、かつ生母が同じく蘇我氏出身である母方の従姉にあたる額田部《ぬかたべ》皇女（推古天皇）が日本史上初の女性天皇として即位することとなったのです。

蘇我氏が女性を天皇にするという意外な作戦をとったのは、苦肉の策と考えられます。これまで確立した蘇我氏と皇室との間で政治的対立を避けるためにも、ほかの氏族の介入を許せなかったのでしょう。馬子は崇峻天皇の異母姉にあたり、また生母が同じく蘇我氏出身である母方の従姉の額田部皇女に白羽の矢を立て、日本史上初の女性天皇として即位させることにしたのです。

先々代の大后（皇后）だった額田部皇女は馬子に請われ、豊浦宮《とゆらのみや》において即位し、三九歳で史上初の女性の大王（女帝）となりました。ですから最初の女性天皇は、ひとえに蘇我氏の専横によって生まれたといっていいでしょう。初めて天皇殺しを行った蘇我氏が、日本国史上初めての女性天皇を即位させたのです。

男系天皇の歴史に、突然、女性天皇が現れることは、蘇我氏の天皇観のあり方に大きくかかわっています。推古天皇が、すでに敏達天皇の皇后であったため新たな夫君を必要としなかったからよかったものの、女性天皇の容認者であれば、そのまま男系天皇の皇統がそこで途切れる可能性もあったのです。

崇峻天皇の暗殺といい、最初の女性天皇の擁立といい、蘇我氏は神道で連続する日本の皇室の天皇を容易に打ち壊す体質をもった政権であったことがわかります。

これまで、天皇史上の皇室の伝統にそぐわぬこの二つの異常な行為の関連性が十分に説明されてきませんでした（後述する聖徳太子の死の問題もまた、それに関係するはずですが、この問題もあまり検討されなかったのです）。

即位した推古天皇は、実子の竹田《たけだ》皇子の擁立を願ったと考えられますが、蘇我氏に反対する勢力を中心に敏達の最初の大后が生んだ押坂彦人大兄皇子（舒明《じょめい》天皇の父）の擁立論が強まりました。そのため、馬子と推古天皇はその動きを抑えるために竹田皇子を中継ぎとして即位させたかったとされています。しかし竹田皇子は間もなく薨《こう》去《きょ》してしまいます（これに対しても、暗殺説も存在しています）。

推古天皇元年四月一〇日（五九三年五月一五日）、即位から異例の早さで推古天皇の甥の厩戸皇子が皇太子として摂政となります。推古の即位と厩戸の立太子とが一体のものであったこと、すなわち女帝＝推古の即位は、皇太子＝厩戸の立太子があって初めて完結するものとなっていたことになります。

第6章　馬子はいかに聖徳太子をキリストにしたかったか

◉蘇我氏の深慮

厩戸皇子《うまやど》は蘇我氏と強い血縁関係にありました。厩戸皇子の父母はいずれも欽明天皇《きんめい》を父にもつ異母兄妹で、厩戸皇子は異母の兄妹婚によって生まれた子供とされています。橘豊日皇子《たちばなのとよひのおうじ》（用明天皇《ようめい》）は蘇我稲目《そがのいなめ》の娘・堅塩媛《きたしひめ》を母とし、厩戸皇子を生んだ穴穂部間人皇女《あなほべのはしひとのひめみこ》の母は同じく稲目の娘・小姉君《おあねのきみ》です。

用明天皇元年（五八五年）、敏達天皇《びだつ》崩御を受け、父・橘豊日皇子が即位します。それが用明天皇です。和風諡号は、『日本書紀』では橘豊日天皇《たちばなのとよひのすめらみこと》、『古事記』で

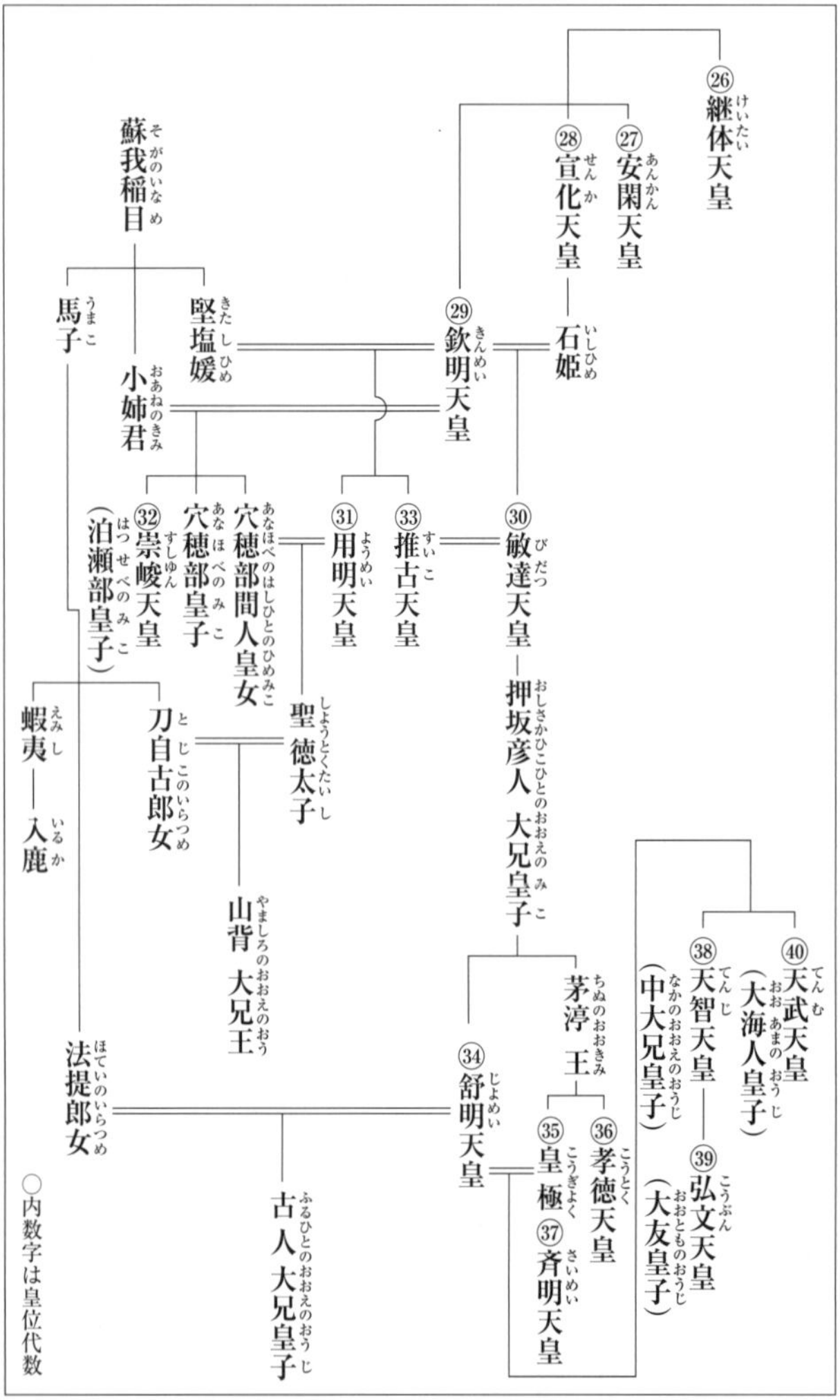

表2　蘇我氏と天皇家の関係

は橘豊日命《たちばなのとよひのみこと》といいます。漢風諡号《しごう》の「用明天皇」は、代々の天皇とともに奈良時代の皇族・淡海三船《おうみのみふね》によって名づけられたとされています。

なお、諱を池辺皇子《いけのべのみこ》というのは、『元興寺伽藍縁起 幷 流記資財帳《がんごうじがらんえんぎならびにりゅうきしざいちょう》』の表記に基づくものであり、『日本書紀』で記されている同名の人物と同一かは明らかではありません。また、即位前の名称として大兄皇子《おおえのみこ》とも称します。

聖徳太子は幼少時から聡明で仏法を尊んだといわれ、さまざまな逸話、伝説が残されています。聖徳太子にまつわる伝説的なエピソードのいくつかを、「厩戸皇子＝キリスト」「我、蘇り＝蘇我＝キリスト」に即して分析することができます。

推古天皇の即位によって、聖徳太子は次の天皇即位を期待されて華々しく登場しました。無論、それには蘇我馬子の期待が込められていたでしょう。しかしその期待の内実、つまり「厩戸皇子＝キリスト」「我、蘇り＝蘇我」という蘇我氏の願望は、表には出されませんでした。

その願望は、聖徳太子にまつわる伝説的なエピソードの中に垣間見られます。その要素をたどっていきましょう。

聖徳太子の事績や伝説については、それらが主に掲載されている『古事記』『日本書紀』の編纂がすでに死後一世紀近くたっていることや「記紀」成立の背景を反映して、脚色が加味されていると思われます。

これまで蘇我氏の意図である「厩戸の皇子」の真の意味が、理解されていなかったためにさまざまな解釈がなされてきました。平安時代に著された聖徳太子の伝記『聖徳太子伝暦《でんりゃく》』は、聖徳太子伝説の集大成として多数の伝説を伝えています。ここでは、キリストに即した解釈をしてみましょう。

◉出生について

「厩の前で生まれた」「母・間人皇女は西方の救世観音菩薩《ぐぜかんのんぼさつ》が皇女の口から胎内に入り、厩戸を身籠もった」（受胎告知）などの太子出生伝説に関しては、まさにネストリウス派蘇我氏が意図していたものです。これについては、すでに明治時代の国史研究者・久米邦武が「『記紀』編纂時、すでに中国に伝来していた（キリスト教ネストリウ

図６　美豆良をつけた武人埴輪　高槻市　今城塚古墳

ス派の）福音書の内容などが日本に伝わり、そのなかからイエス・キリスト誕生の逸話が貴種出生譚として聖徳太子伝説に借用された」との可能性を唱えていました。まさに図星と言うべきですが、蘇我氏自身の隠れた意図としてとらえていませんでした。

一般的には、当時の国際色豊かな中国の思想・文化が流入した影響と見なす説が主流です。ちなみに、太子出生の敏達天皇三年（西暦五七四年）の干支は甲午《きのえうま》でいわゆる午年で、また古代中国にも観音や神仙により受胎するというモチーフが成立し得たと考えられているイエスよりさらに前の釈迦出生の際の逸話にも似ています。

出生地は橘寺、またはその付近とされてい

ますが、橘はタジマモリが垂仁《すいにん》天皇の御世に常世《とこよ》の国から持ち帰った橘の実の種を植えた場所といわれています。

◉「豊かな耳」について

もう一つの逸話は、一度に一〇人の人々の話を聞くことができたというものです。厩戸皇子が人々の請願を聞く機会がありましたが、我先にと口を開いた請願者一〇人すべての人が発した言葉を漏らさず一度で理解し、的確な答えを返したといいます。この故事にちなみ、これ以降皇子は豊聡耳（とよとみみ／とよさとみみ）とも呼ばれるようになりました。

『日本書紀』と『日本国現報善悪霊異記《にほんこくげんほうぜんあくりょういき》』では請願者の数は一〇人ですが、『上宮聖徳法王帝説』では八人で、そのため「厩戸豊聰八耳皇子」と呼ばれるとしています。また『聖徳太子伝暦』には一一歳のときに子供三六人の話を同時に聞き取れたと記されています。

一方、「豊かな耳を持つ」＝「人の話を聞き分けて理解することに優れている」＝

「頭がよい」という意味で豊聡耳という名が付けられてから前記の逸話が後付けされたとする説もあります。

当時の日本は渡来人も行き来しており日本国内での言語はまだ一つに統一されておらず、聖徳太子が唯一さまざまな言語や方言を扱えた（聞き取ることができた）人物だった、という意味ではないかとする説が、近年浮かび上がってきました。

ユダヤ人埴輪が示すように、豊かな美豆良をつけていた厩戸皇子は、彼らのさまざまな言語を身につけている聡いこととかけて「豊聡耳」になっていることを合わせていると考えられます。

◉「兼知未然」という言葉

『日本書紀』には「兼ねて未然を知ろしめす、兼ねて未だ然らざるを知ろしめす」とあります。この記述は後世に聖徳太子が著したとされる『未来記』の存在が噂される一因となりました。『平家物語』巻第八に「『未来記』にも《けふのことこそゆかしけれ》〈大変なことになってしまった〉」とあります。

また、『太平記』巻六「正成天王寺の未来記披見の事」には楠木正成が『未来記』を実見し、後醍醐天皇の復帰とその親政を読み取る様が記されています。これらの記述からも『未来記』の名が当時よく知られていたことがうかがわれます。

また、『未来記』については、『ヨハネの黙示録』に似ている部分があります。『聖書』の巻末に特別に追加された「黙示録」では、人類がたどるであろう未来の、予言が収められています。恐怖と希望が半ばする内容になっていますが、本物の予言をよく理解したうえで、よりよき未来へと舵取りをしていくものです。

江戸時代に出た『先代旧事本紀大成経《せんだいくじほんきたいせいきょう》』(全七二巻)の六九巻目に記された『未然本紀』が、『未来記』もしくはそれを模した書であるとされましたが、人心を惑わす偽書であるとして江戸幕府により七二巻すべてが禁書とされ、編纂者の潮音らが処罰されました。この処置から、日本にキリスト教的な黙示録の否認があることがわかります。

◉南嶽・慧思の生まれ変わり説について

「南嶽慧思《なんがくえし》後身説（慧思禅師後身説）」と呼ばれる説があります。「聖徳太子は天台宗祖の天台智顗の師の南嶽慧思《えし》（五一五−五七七年）の生まれ変わりである」とする説で、『四天王寺障子伝（『七代記』）』『上宮皇太子菩薩伝』『聖徳太子伝暦』などに記述があります。

ネストリウス派の蘇我氏とすれば、「我、蘇り」の蘇我氏が、「厩戸の王子＝キリスト」を聖徳太子に合わせた、という考え方に合致します。無論、慧思の生まれ変わりという説として流布することとなったのは、そのキリストの存在を理解できなかったからと考えられます。

中国でも「南嶽慧思後身説」は知られており、鑑真渡日の動機となったとされています。

◉聖徳太子の馬の飛翔伝説

『聖徳太子伝暦』や『扶桑略記《ふそうりゃくき》』によれば、太子は推古天皇六年（五九八年）四月に諸国から良馬を貢上させ、献上された数百匹の中から四脚の白い甲斐の黒駒を神馬であると見抜き、舎人の調使麿《ちょうしまろ》に命じて飼養します。

同年九月に太子が試乗すると馬は天高く飛び上がり、太子と調使麿を連れて東国へ赴き、富士山を越えて信濃国まで至ると、三日を経て都へ帰還したといいます。

馬を日本にもたらしたのは、馬が埴輪に美豆良《みずら》をつけたユダヤ人が乗っていることでわかるように、ユダヤ人たちがまさに馬を日本に流布させたのです。

甲斐（山梨県）信濃に秦《はた》氏が住んでいたことは知られており、山梨の地は四世紀から五世紀にかけてはヤマト朝廷にとって東国への前線基地の役割も果たしていました。秦氏の流入により絹製品の一大産地ともなっており、最古の山梨の記述として正倉院宝物の白あしぎぬ金青袋端書の墨書で、和銅元年（七〇八年）一〇月に「山梨郡可美里」の日下部某があしぎぬを貢進していたことが記されています。

現在の山梨でも、特に山梨県中央市や河口湖町は古くから養蚕が盛んで、中央市豊富には豊富シルクの里公園という公園もあります。

◉キリストの伝説に類似している片岡飢人（者）伝説

片岡飢人伝説とは、『日本書紀』によると次のようなものです。

推古天皇二一年（六一三年）一二月庚午（かのえうま／こうきんのうま／こうご）一二月庚午朔（六一三年）、皇太子が片岡（片岡山）に遊行したとき、道に臥している飢えた人がいました。姓名を問うても答えません。太子はこれを見て飲み物と食物を与え、衣を脱いでその人を覆ってやり、「安らかに寝ていなさい」と語りかけ、次の歌を詠みました。

「斯那提流　箇多烏箇夜摩爾　伊比爾恵弖　許夜勢屡　諸能多比等阿波禮　於夜那斯爾　那禮奈理鶏迷夜　佐須陀氣能　枳彌波夜祇　伊比爾恵弖　許夜勢留　諸能多比等阿波禮」（しなてる片岡山に飯《いひ》に飢《ゑ》て臥《こ》やせるその旅人《たびと》あはれ親無しに汝《なれ》生《な》りけめやさす竹の君はや無き飯に飢て臥せる　その旅人あはれ）

翌日、太子が使者にその人を見に行かせたところ、戻って来た使者は、「すでに死んでいました」と告げます。太子は大いに悲しみ、亡骸をその場所に埋葬し、墓を固く封じました。

数日後、太子は近習の者を召し、「あの人は普通の者ではない。真人にちがいない」と語り、使者に見に行かせます。使者は戻ると、「墓に行って見ましたが、動かした様子はありませんでした。しかし、棺を開いてみると屍も骨もありません。ただ棺の上に衣服だけがたたんで置いてありました」と告げました。

太子は再び使者を行かせてその衣を持ち帰らせると、いつものように身に着けました。人々は大変不思議に思い、「聖《ひじり》は聖を知るというのは、真実だったのだ」と語り、ますます太子を畏敬したそうです。

『拾遺和歌集』にも聖徳太子作として、次の歌があります。

《しなてるや　片岡山に飯に飢ゑて　臥せる旅人あはれ親なし》

後世、この飢人は達磨大師であるとする信仰が生まれました。飢人の墓の地とされた北葛城郡王寺町に達磨寺が建立されています。この旅人の姿も、キリスト、またはキリスト教の聖人に擬することができます。

しかし、達磨大師には、もともとこうした逸話はありません。ただ、波斯国《はしこく》（サーサーン朝ペルシア）生まれの胡人《こじん》であったとされており、その由来は、日本人にとって、キリストのように、遥かな夷狄《いてき》の地を出て、中国へ来遊した大師と混同されたと考えられます。

これはまさに、キリストの磔刑《たっけい》による死後三日目に蘇る、という逸話に似ています。つまりこの聖は、キリストだったのです。その聖を助けた聖徳太子も、新たなキリストということになります。

このように、聖徳太子の逸話にキリスト教やユダヤ人系の氏族が行うことが書かれているようなのです。

◉『万葉集』にある上宮聖徳皇子作の歌

『万葉集』には次の歌があります。

上宮聖徳皇子出遊竹原井之時見龍田山死人悲傷御作歌一首

（小墾田宮御宇天皇代墾田宮御宇者豊御食炊屋姫天皇也諱額田謚推古）「家有者　妹之手将纏　草枕　客爾臥有　此旅人阿怜」

《家にあらば　妹《いも》が手纏《ま》かむ　草枕客《たび》に臥やせる　この旅人あはれ》

「家にいたなら、妻の腕を枕としているであろうに、草を枕の旅路に倒れて亡くなったこの旅人が哀れである」（著者訳）

また、前述したように、『拾遺和歌集』にある、

《しなてるや　片岡山に飯に飢ゑて　臥せる旅人あはれ親なし》

「片岡山で、食べ物がなく、餓えて斃《たお》れている。その旅人よ可哀想に。親もなくて生まれたはずがあろうか。ご主人様はいないのか。食い物もなく、餓えて斃れている、その旅人よ可哀想に」（著者訳）

これも聖徳太子作の歌です。

◉夢殿（法隆寺）の救世観音

夢殿（法隆寺）の救世《ぐぜ》観音《かんのん》は聖徳太子の像ですが、「救世観音」と呼ばれるのは、

救世主キリストの名からとっています。この像は、明治時代までぐるぐる巻きにされて誰も見ることができなかった像です。

救世観音菩薩は、一般に救世観音と称されますが、平安時代の法華経信仰から広まった名称で、この名称は経典には説かれておらず、観音としては正統的な尊像ではないとされています。このことは、この像が特種な像として認識されていたことを示しています。

つまり、これが異教の像、救世主の像、つまりキリスト像として見られていたからこそ封印された、ということでしょう。また、この像が聖徳太子自身と見られ、その太子自身が封印、つまり殺された、という意味でもあります。

救世は「人々を世の苦しみから救うこと」であり、救世だけで観音の別名ともされます。この言葉は、キリスト教の世界では、キリスト自身の名が「救世主」であり、まさにそれが、仏教から来たものであることを暗示しています。救世観音の名称の由来は、「法華経」の観世音菩薩普門品《ふもんぼん》の中の「観音妙《かんのんみょう》智力《ちりき》 能救世間苦《のうぐせけんく》」との表現にあると推測され、法華経信仰が平安時代に盛んになったこと、さらには聖徳太子の伝説が付帯されることでこの尊名が生まれ、民間で定着したと考えられています。

救世観音菩薩像は、長い間封印され、公開されていなかった厳重な秘仏で、明治一七年（一八八四年）、国より調査の委嘱を受けたアーネスト・フェノロサと弟子の岡倉天心が夢殿厨子と救世観音の調査目的での公開を寺に求め、長い交渉の末、公開されたものです。

のちにフェノロサの著作『東亜美術史綱』で像影の写真付きで公刊されています。「回扉されると立ったまま五〇〇ヤード（約四五七メートル）の木綿の布で巻かれた状態で、解くとすごい埃とともに、驚嘆すべき無二の彫像は忽ち吾人の眼前に現はれたり」と表現されています。

夢殿は、皇極二年（六四三年）、蘇我入鹿の手により焼亡した太子の斑鳩宮《いかるがのみや》跡に、天平一一年（七三九年）、僧行信により造営され、北魏様式の救世観音像を安置してあることで著名です。つまり、この像は斑鳩宮にあったものが救出され、行信がここに安置したものです。かつてこの場所には、太子が住む斑鳩宮があったといいます。

太子の息子・山背大兄王が蘇我氏に滅ぼされたのち、斑鳩宮跡が荒廃しているのを悲しんで、聖武天皇の皇太子・阿倍内親王（のちの孝謙《こうけん》天皇）が奈良時代の天平一一年に創建させたと伝えられています。

つまり、夢殿を中核とする法隆寺の東院伽藍《がらん》は、聖徳太子とその一族を供養するためにつくられた法隆寺とは別の寺だったわけです。

不思議なのは明治一〇年代まで夢殿の救世観音像が白い布でぐるぐる巻きにされ、いっさい人目に触れさせなかったことです。いつから布で姿を隠したかは不明ですが、このような措置をほどこした理由がまったくわかっていません。観音は夢殿の厨子内に安置され、頑丈な鍵もかけられているわけですから、わざわざ仏像本体に布を巻き付ける必要はないはずです。

その理由として、観音の霊威を恐れたという説がありますが、こうしたやり方は聖徳太子の死の謎をカムフラージュする意味があるでしょう。

鎌倉時代の嘉禄三年（一二二七年）、救世観音の模造彫刻をつくった際、完成するとすぐに製作した仏師が亡くなったという記録があります。また、明治一七年（一八八四年）前後にフェノロサと天心が覆われている布の除去を求めたとき、法隆寺の僧侶たちは「厨子にかかる鍵を開けると、必ず雷鳴が轟くだろう。明治初年にも布を取り去ろうとしたことがあったが、天がかき曇り、雷が激しくなったので中断したのだ」と言って大いに恐れたという話が残っています。

では、いったいいつから布を巻き付けるようになったのでしょうか。少なくとも天保七年（一八三六年）の『斑鳩古寺便覧』には、昔から秘仏として白布で巻いていたという記録があり、高田良信氏は断定を避けながらも、「元禄九年（一六九六年）に仏像を修理して以後、布を巻いて秘仏となったのではないか」と推測しています。

いずれにせよ、フェノロサと岡倉天心ら、長年巻き付けられた布を取り除く瞬間に立ち会った二人の回想によれば、長年使用されていなかった厨子が開くと、厨子内からは驚いた蛇や鼠が飛び出してきたといいます。蜘蛛の巣を払い室町時代のものとおぼしき几帳をどけると、奥にホコリが堆積した木綿で巻かれた大きな物体が見えたそうです。

そのとき、すさまじい量のホコリが臭気とともに飛散し、ほとんど耐えがたい状況になったといいます。苦労して長い布を取り除くと、中から金箔が美しく残る木像が現れ、救世観音が数百年ぶりに人々の前に姿を現した歴史的な瞬間であったのです。

第7章　聖徳太子の思想が馬子の謀略と対決した『三経義疏』と「和」の思想

◉書物に思想を託した聖徳太子

蘇我馬子《そがのうまこ》が聖徳太子をいかに日本のキリストにしようとしたか、「厩戸皇子《うまやど》」という名前の付け方からもその露骨さが感じられます。日本人にはキリスト教の知識がないため、堂々とキリストに関する名をつけても不信感を抱かれなかったと思われます。しかし、それを決して受け入れなかったのが太子だったのです。そのことが、最後に蘇我氏から攻撃される原因となりますが、太子は書物と行動で、のちの人々にその思想を残したのです。

しかし太子の名を借りた（仮託）偽書もたくさんあります。延宝三年（一六七五年）、聖徳太子の憲法には「通蒙《つうもう》憲法」「政家《せいか》憲法」「儒士《じゅし》憲法」「釈氏《しゃくし》憲法」「神職《しんしょく》憲法」の五憲法が存在し、「通蒙憲法」が十七条憲法であると説く『聖徳太子五憲法』と称する書が現れました。『聖徳太子五憲法』は延宝七年（一六七九年）に現れた偽書『先《せん》代旧事本紀大成経《だいくじほんきたいせいきょう》』巻七〇「憲法本紀」と同じ内容です。

聖徳太子の著作はいくつかありますが、「十七条憲法」や『三経義疏《さんぎょうぎしょ》』のように研究者間でも真偽について意見が分かれるものが存在します。

仏教を篤く信仰した聖徳太子は、推古天皇二三年（六一五年）までに『法華義疏』（伝・推古天皇二三年〈六一五年〉）、『勝鬘経義疏《しょうまんぎょうぎしょ》』（伝・推古天皇一九年〈六一一年〉）、『維摩《ゆいま》経義疏』（伝・推古天皇二一年〈六一三年〉）を著しました。これらはそれぞれ『法華経』『勝鬘経』『維摩経』の三経の注釈書（義疏、注疏）で、これらを「三経義疏」と総称されています。

「三経義疏」のうち、『法華義疏』は聖徳太子の真筆と伝えられるものが御物となっており、現存する書跡では最も古く、書道史においても重要な筆跡です。『日本書紀』には、推古天皇一四年（六〇六年）、聖徳太子が『勝鬘経』と『法華経』を講じたという記事があり、いずれも聖徳太子の著したものと信じられてきました。

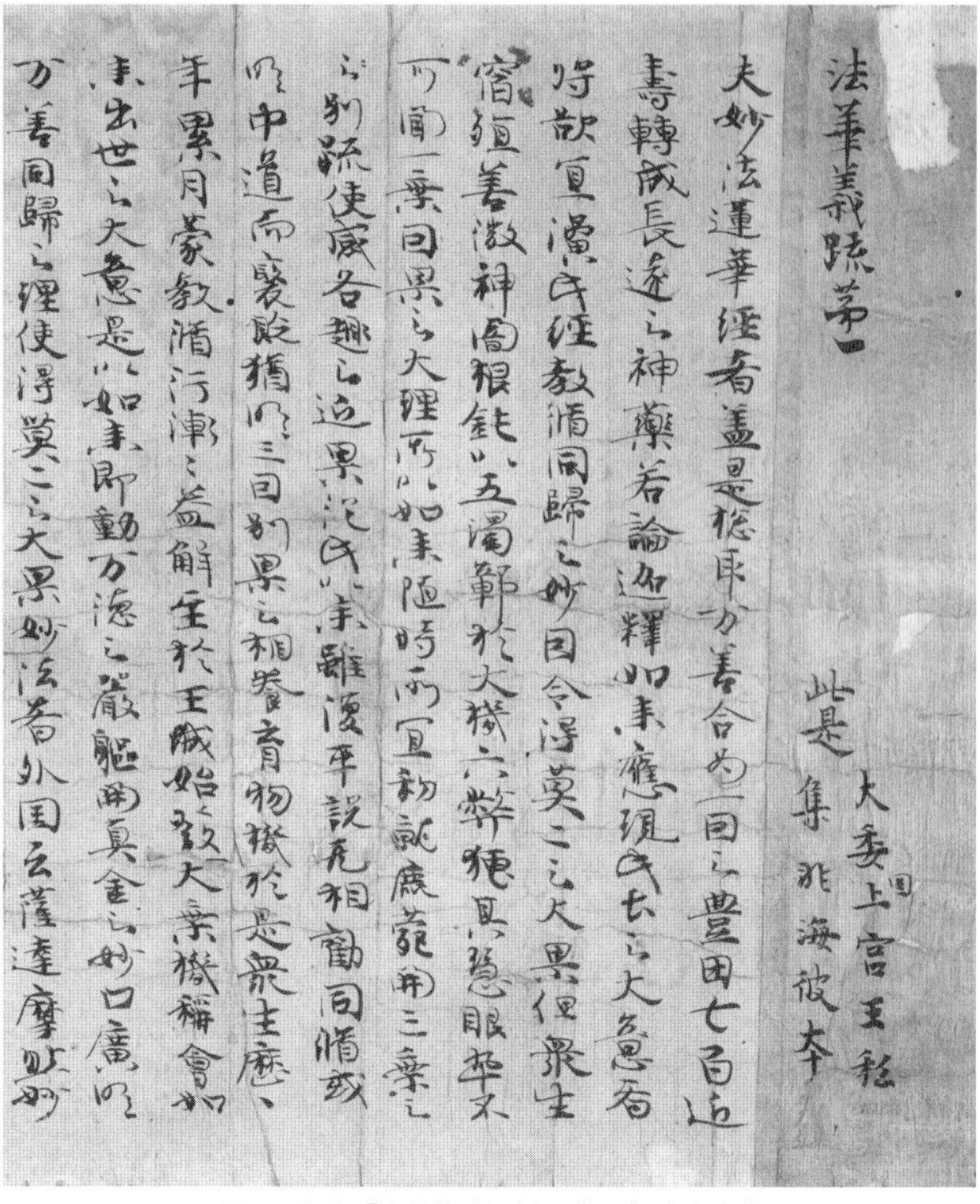
法華義疏第一
此是大委国上宮王私集非海彼本
夫妙法蓮華經者蓋是惣取万善合為一因〻豊田七百近
壽轉成長遠〻神藥若論迦釋如來應現此土〻大意者
将欲宣演此經教脩同歸〻妙因令得莫二〻大果但衆生
宿殖善微神闇根鈍以五濁鄣於大機六弊殖其慧眼卒不
可聞一乘因果〻大理所以如來隨時而宜初就鹿苑開三乘〻
〻別疏使感各趣〻近果從此以來雖復平說无相勧同脩或
明中道而褒貶猶明三因別果〻相蓄育物機於是衆生歷〻
年累月蒙教脩行漸〻益解至於王城始發大乘機稱會如
來出世〻大意是以如來即動万德〻嚴軀開真金〻妙口廣明
万善同歸〻理使得莫二〻大果妙法者外国云薩達摩分

図７　御物『法華義疏』（巻頭部分）宮内庁蔵

『法華義疏』のみ聖徳太子真筆の草稿とされるものが残存していますが、『勝鬘経義疏』と『維摩経義疏』に関してはのちの時代の写本のみ伝えられています。

このことは重要で、聖徳太子は学者として仏教を理解し、その論理性、その一貫性が、日本人にとって、役立つかどうかを検討したといっていいでしょう。はじめから僧侶にならんとして仏教に取り組んだわけではなかったのです。

興味深いのは、『法華義疏』第一巻の巻頭には別紙を継いで、ここに「法華義疏第一」の内題があり、その下に本文とは別筆で「これは大委国の上宮王による私集で、海外から渡来したものではない」（意訳）と書かれていることです。つまり、「日本で書かれたもの」という筆者の自負があるのです。このことは、煎じつめれば仏教解釈はそれぞれの国の独自の解釈であっていいという意味に読めます。これは学者の態度として重要なことで、テキストに対して対等であることを述べています。

たしかに、聖徳太子が建立した法隆寺の姿を見ると、建築としても中国には見られない、独自の様式を示しています。また、冠を標識とする役人の序列十二等級を制定して実力に応じた役人の登用を図り、憲法十七条を定めて和を基本とする心構えや天皇を中心とする政治の徹底を朝廷に仕える人々に説きました。こうした態度そのものが、周囲の権力者にそのまま従わないという態度で貫かれています。

◉太子の仏教に対する悟りのレベル

仏教信仰に篤い太子は『勝鬘経』や『法華経』の講義と注釈を行う以外にも、遣隋使を派遣して大陸文化の受け入れに努めました。これらは聖徳太子の独自の意思であり、蘇我氏に対しても、それが一貫しています。

太子がこうして、経典の源書に取り組むという学者的な仕事をしたことは、単に仏教に対する理解度の高さ、仏教理解の深さという問題ではありません。それは後代、学者の多くがやることで、ここで重要なのはテキストの選択です。

法華経は仏教にとって基本の書であり、誰しもその理解なしには仏教の本質はわからないといっていいでしょう。「法華義疏」の冒頭部分に、「釈迦如来が出現した目的はこの経（法華経）を説いて衆生を成仏させることである」という主旨の解説があります。つまり、最重要の経典ということです。

『勝鬘経』にせよ『維摩経』にせよ、いずれも市井《しせい》の仏教信仰者の経典であることです。『勝鬘経』は、勝鬘夫人《ぶにん》が発心してから仏の説法が実感できるまでが書かれています。釈尊に一〇の誓願を立てるところから、「勝鬘経義疏」は推古女帝に信仰のあり方を説いたものであると同時に、本尊とすべき仏が釈迦如来であることを説いたものと考えられています。

勝鬘夫人は、舎衛国（コーサラ国）の波斯匿王《はしのくおう》と彼の妃・末利夫人《まりぶにん》の娘です。阿踰闍（アヨーディヤー）国王の妃となり、経典『勝鬘経』の主人公で、釈迦に帰依した父母から勝鬘夫人の知恵が優れていることを理由に、仏に会うことを彼女へ勧めます。両親からの手紙を読んだ勝鬘夫人が仏を称え、救いを請うと、仏が姿を現して説法し、彼女もそれに応え誓願と説法を述べたと伝わっています。

「維摩経義疏」は、維摩居士という釈尊の十大弟子に匹敵する在家信者の故事をつうじて、在家仏教という太子ご自身の立場を宣言したものといえます。聖徳太子が仏典を研究し、「勝鬘経義疏」で信仰の対象とすべき仏（釈迦如来）を説き、「維摩経義疏」で信仰者の立場（在家仏教）を説き、法華義疏で根本とすべき経典（法華経）を説いているのです。

　ここで注目されるのは、「法華経」を講義した天台宗の開祖・天台智顗《ちぎ》と太子は互いに交流はなかったものの、到達した結論が奇しくも一致していることです。つまり、仏教に対する聖徳太子の考え、その到達点は普遍的なものであったことを感じさせます。太子の仏教に対する悟りのレベルは、天台智顗に匹敵していたということなのです。

◉日本の歴史編纂にも尽力した聖徳太子

　晩年、聖徳太子は日本の歴史編纂にも着手します。太子の政策は、「大化改新」によって本格化する天皇中央国家への方向性を先取りするものでした。「十二階の冠位」制定や遣隋使の派遣について、古い史料には太子の関与が書かれていませんが、太子の判断が示されています。

　太子の自作と明記される「十七条憲法」にしても、その文中には、当時の実態にそぐわない表現や趣旨が含まれているといわれますが、基本資料である『日本書紀』の記述は正しいものといっていいでしょう。崩御後、百年ほどたった七二〇年に出されたものであるため正確さを欠く部分があっても、大筋では変わりないと思われるからです。

ちなみに、天王寺は「聖徳太子の真筆」と伝えられる『四天王寺縁起』を所蔵していますが、後世（平安時代中期）の仮託と見られています。

「十七条憲法」は、『日本書紀』（推古天皇一二年〈六〇四年〉）中に全文引用されているものが初出です。『上宮聖徳法王帝説』には、乙丑《きのとうし》の年（推古一三年〈六〇五年〉）の七月に「十七餘法」を立てたと記されています。

『天皇記』『国記』『臣連伴造国造百八十部并公民等本記《おみむらじとものみやつこくにのみやつこももあまりやそとものをあわせておおみたからどものもとつふみ》』は、『日本書紀』中に書名のみ記載されていますが現存せず、内容は不明です。

『先代旧事本紀』は、序文で聖徳太子と蘇我馬子が著したものとしていますが、実際には平安時代初期の成立と見られます。そのなかには全八五条からなり、神職、僧侶、儒者、政治家、公務員へ向けた五種類の十七条憲法が掲載されています（十七条五憲法）。

また、聖徳太子による予言の書としてたびたび古文書に登場する『未来記』は、聖徳太子が著したという証拠は発見されていません。鎌倉時代から江戸時代にかけて、聖徳太子に仮託し『未来記』を称する偽書群が何度か作成されました。

◉太子の「和」の思想こそ仏の思想

最後に、「聖徳太子の仏教」の本当の意味を問うてみましょう。

一時期ではあるものの、仏教興隆を意味する「法興」という年号が使われたのは、太子が熱心な仏教徒でありながらも自分は出家することなく、皇族の政治家として仏教を社会に根づかせようとしたあらわれでしょう。

太子が数ある仏典から選んで講義、注釈したのは、仏説の根幹である「法華経」を除けば、在俗の仏教徒や王族の女性が主人公の、「維摩経」と「勝鬘経」です。大陸の文化の中からとりわけ仏教を選択し、それを奨励することで豪族間の争いが絶えない国をまとめ、社会を文明化しようと考えていたのでしょう。

残された史料を検討しても、太子が政治の前面に出て活躍していたとする確証はないかもしれませんが、推古天皇や蘇我馬子の背後にあって、こうした政策の実現に腐心した知識人としての姿が見えるというべきです。

仏教学者は聖徳太子の思想を、九世紀以降の仏教学者や僧侶の発想による本地垂迹《ほんじすい じゃくせつ》説に求めますが、これは日本の八百万《やおよろず》の神様はすべてが仏の化身として現れたものだと考える説によるものでしょう。たとえば、本地である大日如来という仏が日本に垂迹すると天照大神という神になり、薬師如来は牛頭《ごず》天王や素戔嗚《すさのお》になり、大黒天が大国主《おおくにぬし》になるといった考え方です。

しかし、太子の本地垂迹説はまったく逆です。太子は、仏教がもとにあって神道があとに出てきたものという考え方ではなく、「和」の思想があって、そこに仏の思想があるととらえていました。

「和」とは、「十七条憲法」で出てくるもので、第二に出てくる「三宝を敬え」という仏教信仰の前に出てきます。「和」はあくまで他者があっての考え方で、共同社会のあとに仏教の悟達があり、そのようにして神道と仏教の融合があるということです。これは、もともと日本にあった神道と外来の仏教が見事に重なり合っており、まさに縄文思想の自然道と、仏教思想の個人重視の思考との融合だといえるでしょう。

聖徳太子は、蘇我馬子が仏教の推進者として個人重視のキリスト教を秘かに支持していたことを、自らの蘇我氏による「厩戸皇子」という命名で知っていたことでしょう。蘇我馬子は、その先導者としての「馬子」を演じていたはずです。

しかし聖徳太子は、それとは異なる思想家としての道を歩んでいたのです。馬子がそんな太子の態度を憎く思っていました。この、早くから準備された釈迦三像の光背裏面の美しい言葉は、実は馬子による太子の暗殺を予想させるものでもあるのです。

第8章　聖徳太子創建になる神社

◉聖徳太子創建の一〇社

各地の聖徳太子に因んだ寺院は、蘇我《そが》氏によってではなく、基本的に秦《はた》氏系によって建てられました。したがって、蘇我氏のように、キリスト教をはっきり感じさせるものはありません。

また、蘇我氏の表面的な寺社創建とは異なり、神道を大事にしていた聖徳太子は多くの神社を建立しています。ここでは、太子が創建した神社を述べておきます。

「敬神の詔」を推古一五年（六〇七年）に出したことからわかるように、聖徳太子は神道の神々を篤く祀っています。そうした物部《もののべ》氏の立場に立つ太子の行為は、蘇我氏に疎まれたにちがいありません。聖徳太子の薨去《こうきょ》に殯《もがり》がなかったことも、それが神道的葬祭であったからだと思われます。

（1）四天王寺

太子が最初に創建したのは四天王寺ですが、その境内には鳥居のほかに、伊勢遥拝所、熊野権現遥拝所、守屋祠《もりやのやしろ》などがあります。

小儀《しょうぎ》神社（四天王寺東門前）、土塔《どとう》神社（同南門前）、河堀稲生《こぼれいなり》神社（天王寺区大道）、久保神社（同勝山）、大江神社（同夕陽丘町）、堀越神社（同茶臼山町）、上之宮《かみのみや》神社（同上之宮町）の四天王寺七宮もまた聖徳太子創建と伝えられています。

玉造稲荷神社（大阪市中央区玉造）は、聖徳太子がこの地に布陣して戦勝を祈願し、戦勝後当地に観音堂を建てたという伝承があります。

『日本書紀』によれば、蘇我氏と物部氏の戦いにおいて、蘇我氏側である聖徳太子は戦いに勝利すれば四天王を安置する寺院を建てると誓願を立てましたが、みごと勝利したので摂津国難波に四天王寺を建てました。『日本書紀』によれば五九三年（推古天皇元年）のことだといいます。

本尊は救世観音《ぐぜかんのん》（やはりキリストに擬している可能性があります）で、四天王寺では聖徳太子の念持仏の如意輪観音《にょいりん》とも同一視されています。また、敬田院《きょうでんいん》、施薬院、療病院、悲田院の四つの四箇院をつくりました。

四天王寺の稲荷神社はのちに建立されたもので、稲荷神社の初期のものです。稲荷神社はもともと秦氏が創建しており、神社の創建にあたっては秦氏の貢献が大きいのです。このことも、蘇我氏と秦氏とは別の信仰をもったユダヤ人系の氏族であることを示唆しています。

（2）龍田大社（奈良県生駒郡三郷町）

太子が法隆寺の建設地を探していたとき、白髪の老人の姿をした龍田大明神が「斑《いか》鳩《るが》の里が仏法興隆の地である。私はその守護神となる」と託宣したのでその地を選び、鎮守社としたとされています。龍田大社は、聖徳太子が法隆寺建立の際、龍田大社に祈願し、落慶の際に法隆寺の守り神として龍田大社の御分霊をお祀りしたといわれています。

（3）綱敷《つなしき》天満宮（神戸市東灘区御影）

四天王寺創建の際、六甲山の御影石を切り出し、その際、蒼稲魂神《うかのみたま》を合せ祠った地に御影の綱敷天満宮が建立されています。その御神体と、聖徳太子の所持していた笏《しゃく》と駒角《こまかく》が現存しています。

（4）竜王宮（滋賀県竜王町鏡山）

竜王宮の山頂付近に、聖徳太子二六歳のとき自ら観音像を彫られたと伝えられた雲《うん》冠《かん》寺《じ》跡があります。このなかの竜王宮は、雨の神・水の神ともいわれる八代竜王が龍王宮として祀られ、寺院を守護しています。

（5）飽波《あくなみ》神社（生駒郡安堵町）

聖徳太子が牛頭天王《ごずてんのう》を祀ったのが飽波神社だと伝えられ、飽波宮のあった場所と比定する説もあります。主祭神は素戔嗚尊《すさのおのみこと》で、スサノオ＝ユダヤ人です。

（6）森之宮神社（鵲森宮《かささぎのもりのみや》：大阪市中央区森之宮）

聖徳太子が創建し、用命天皇と穴穂部間人皇女《あなほべのはしひとのひめみこ》（?－推古天皇二九年〈六二一年〉一二月二一日）が祀られているのが森之宮神社です。

（7）福王神社（三重郡菰野町《こものちょう》田口）

三重県にある福王神社は、聖徳太子の命により毘沙門天が安置され、国の鎮護と伊勢神宮の守りとされたと伝えられています。

（8）御沢神社《おさわ》（滋賀県東近江市上平木町）

聖徳太子が蘇我馬子に命じて滋賀県平木町の一帯を開墾され、用水の溜め池として清水池《きよみず》・白水池《はくすい》・泥水池《にごり》をつくり、御沢神社を創建したと伝わっています。主祭神は市杵嶋姫命《いちきしまひめのみこと》、弁財天女、聖徳太子、八大龍王です。

（9）白龍大神天宮塚（宝塚市）

聖徳太子が修行されたところで白龍大神天宮塚を創建されました。円錐形の山容をした天宮塚は中山連山の一つで、聖徳太子創建の中山寺とかかわっています。

（10）大歳《おおとし》神社（紀の川市）

朝敵退治の誓願のため軍を率い、大歳神社のあるこの地に着陣し年越しをされたといいます。その跡地を大歳神社と号し祀られるようになったそうです。

ここでは主に一〇の神社を挙げましたが、太子の神社が寺社の関係をよく示すのが龍田神社（奈良県生駒郡斑鳩町龍田）でしょう。神社が土地という人々の共同の自然を祀り、そこに仏教の個人を重んずる場所が守られるのです。

こうした神社を建てるにあたって、物部氏と対立していた蘇我馬子は冷ややかに見ていたにちがいありません。太子が皇統である以上、神社の創建は必至なものでした。自然信仰が基本であり、飽波神社のように神話の神を祀ったのも、すでにこうした神話が知られていたことを示唆しています。飽波神社（生駒郡安堵町）の主祭神は素戔嗚尊ですが、これはのちの牛頭天王信仰と結びついています。

◉聖徳太子ゆかりの寺社

・法隆寺（斑鳩寺）

奈良県生駒郡斑鳩町にある法隆寺（斑鳩寺）の金堂薬師如来像光背銘によれば、法隆寺は用明天皇が自らの病気平癒のため建立を発願したものの志を遂げずに崩御したため、遺志を継いだ推古天皇と聖徳太子が推古天皇一五年（六〇七年）に寺と薬師像をつくったといいます。

『日本書紀』には、天智天皇九年（六七〇年）に法隆寺が全焼したとの記事がありますが、この記事をめぐり、現存する法隆寺（西院伽藍《がらん》）は聖徳太子の時代のものか、天智天皇九年（六七〇年）以降の再建かについて長い論争がありました（法隆寺再建・非再建論争）。

若草伽藍の発掘調査により、聖徳太子時代の伽藍は一度焼失し、現存の西院伽藍は七世紀末頃の再建であることが定説となっていますが、それは間違いです。

「夢殿」を中心とする東院伽藍は、太子の営んだ斑鳩宮の旧地に建てられています。

夢殿の救世観音は聖徳太子の像ですが、「救世観音」と呼ばれるのは、救世主キリストの名からとっていると考えられます。

・斑鳩寺（播磨）

聖徳太子は、推古天皇から賜った播磨国揖保《いぼ》郡の地を「鵤荘《いかるがのしょう》」と名づけ、伽藍を建立し、法隆寺に寄進をしました。これが兵庫県揖保郡太子町の斑鳩寺（播磨）の始まりと伝えられています。斑鳩寺は創建から永らく法隆寺の別院（支院）でしたが、焼失、再建の後に天台宗へ改宗しました。現在も「お太子さん」と呼ばれ、信仰を集めています。

俗に「聖徳太子の地球儀」と呼ばれる「地中石」という寺宝が伝わっていますが、秦氏のアイデアと思われます。仏教には、こうした観念はないからです。

聖徳太子生誕地の橘寺と墓所の叡福寺《えいふくじ》を結んだライン延長上に、この太子町の斑鳩寺が位置しているとの伝来があります。

◉太子信仰について

聖徳太子の聖人化は、『日本書紀』にすでに見えており、八世紀には「本朝（日本）の釈迦」と仰がれ、鎌倉時代までに『聖徳太子伝暦』など現存するものだけで二〇種以上の伝記と絵伝（中世太子伝）が成立しています。こうした伝記と絵伝により、「聖徳太子信仰」は形成されていったのです。

太子自身を信仰対象として、聖徳太子像を祀った太子堂が各地の寺院にあります。聖徳太子は観音菩薩の化身として尊ばれましたが、「聖徳太子は観音菩薩の生まれ変わりである」とする考えもあります。

そのほか、室町時代の終わり頃から、太子の祥月《しょうつき》命日とされる二月二二日を「太子講」の日と定め、大工や木工職人の間で講が行われるようになりました。これは、四天王寺や法隆寺などの巨大建築に太子がかかわり諸職を定めたという説から、建築、木工の守護神として崇拝されたことが発端です。

さらに江戸時代には大工らのほかに左官や桶職人、鍛冶職人など、さまざまな職種の職人集団により、太子講は盛んに営まれるようになりました。なお、聖徳太子を本尊として行われる法会は「太子会」と称されています。

現在は、聖徳太子を開祖とする宗派として聖徳宗（法隆寺が本山）が存在しています。

◉太子和讃と六角堂（頂法寺・本堂）

数多くの和讃を著した親鸞は、聖徳太子を敬っていました。聖徳太子に関するものでは、『正像末和讃《しょうぞうまつわさん》』の中に一一首からなる「皇太子聖徳奉讃」のほか、七五首からなる『皇太子聖徳奉讃』、一一四首からなる『大日本国粟散王《ぞくさんおう》聖徳太子奉讃』など多くの「太子和讃」を残しています。

その太子和讃のなかで、「仏智慧不思議の誓願を 聖徳皇のめぐみにて（略）」と阿弥陀如来の誓願を聖徳太子のお恵みによって知らせていただいたと詠われ、「和国の教主聖徳皇」と太子を日本に生まれて正法を興した主である、と詠われました。和国の教主とは、日本に生まれて正法を興した主で、釈尊を教主世尊と崇めるのに準じ、太子を日本の教主と尊称します（『名畑應順親鸞和讃集』）。

親鸞の聖徳太子にまつわる夢告《むこく》はいくつかありますが、六角堂に参籠した際の救世観音菩薩の夢告《むこく》などを通して、自分の進むべき道を問い、尋ね、確かめていったと考えられます。以降、浄土真宗では聖徳太子への尊崇が高まったのです。

天皇紀年	西暦	年齢	事　　跡
敏達 3	574	1	父・橘豊日皇子（のちの用明天皇）と穴穂部間人皇女の子として誕生
敏達 14	585	12	用明天皇即位
用明 2	587	14	用明天皇崩御。蘇我馬子ら物部守屋を滅ぼす。太子も従軍
崇峻 5	592	19	蘇我馬子、東漢直駒を使い崇峻天皇を暗殺。推古天皇即位
推古 元	593	20	皇太子、摂政となる。馬子とともに天皇を補佐。四天王寺を造る
推古 2	594	21	仏教興隆の詔を発す
推古 3	595	22	高句麗僧・慧慈、百済僧・慧聡が渡来
推古 4	596	23	慧慈らと伊予温泉に遊ぶ。法興寺（飛鳥寺）完成
推古 5	597	24	吉士磐金を新羅へ派遣
推古 8	600	27	第一回遣隋使。新羅と任那が戦争。新羅に派兵。新羅が日本に降服
推古 9	601	28	斑鳩宮を造る
推古 10	602	29	再び新羅征討の軍を起こす
推古 11	603	30	冠位十二階を制定（氏姓制でない人材登用）
推古 12	604	31	十七条憲法を制定（仏法への敬いも記す）
推古 13	605	32	斑鳩宮に遷居
推古 14	606	33	推古天皇に勝鬘経を講説。岡本宮で法華経を講ずる
推古 15	607	34	第二回遣隋使として小野妹子らを派遣（隋との対等外交をめざす）
推古 16	608	35	小野妹子ら帰国。隋使・裴世清来日。隋使を送って妹子が再び隋へ
推古 17	609	36	小野妹子ら帰国
推古 21	613	40	難波から飛鳥までの道を造る。片岡山飢者伝説。
推古 22	614	41	最後の遣隋使
推古 28	620	47	天皇記・国記編纂
推古 29	621	48	穴穂部間人皇女逝去
推古 30	622	49	斑鳩宮で逝去。橘大娘女、太子のために天寿国曼荼羅繡帳をつくる
推古 31	623		新羅が任那を服属させる。新羅・任那の使節来朝。征新羅軍派遣で新羅との善隣関係が終焉
推古 36	628		推古天皇崩御
皇極 2	643		蘇我入鹿、山背大兄王を斑鳩宮に襲う。上宮王家滅亡

表3　聖徳太子関連年表

第9章　法隆寺『釈迦三尊像』の光背に刻まれた銘文の意味

◉釈迦三尊像の光背の銘文から読み解く太子の姿

太子に関する数多い資料のなかで、最も確実に聖徳太子のことを語っているものといえば法隆寺金堂の本尊、釈迦三尊像の光背に刻まれた銘文でしょう。

この銘文は、銅に金メッキした仏像の光背の裏側にあり、一九六の漢字を使い、行数と一行の字数が等しくなるように刻まれています。銘文は単に釈迦三尊像の説明、像の図像としての重要さ以上に、政治的意図を示すものとしての重要性がうかがわれます。

光背銘によると、六二一年から翌年にかけ、相次いで死去した太子の母と太子夫妻のために発願、造像されたことがわかります。太子の命日が六二二年の二月二二日で、太子が「法皇」と呼ばれていることは特に注目されます。もちろん、この仏像や銘文は昔から有名なもので、「そのまま信じる説」と「あとから刻まれたとする説」が長らく対立してきました。

銘文には造像の年紀（六二三年）や聖徳太子の没年月日などが見え、法隆寺や太子に関する研究の基礎資料となり、法隆寺金堂薬師如来像光背銘とともに日本の金石文の白眉といわれています。

また、造像の施主・動機・祈願・仏師のすべてを記しており、このような銘文を有する仏像としては日本最古で、史料の限られた日本の古代美術史において貴重な文字史料となっています。つまり、それだけ周到に刻まれたものというわけなのです。

文体は和風を交えながらも漢文に近く、文中に四六駢儷文《しろくべんれいぶん》を交えた文章で荘重なものと指摘され、構成も洗練されています。ただし、銘文の真偽についてはさまざまに議論されており、現在でもこの銘文を後世の追刻とする見方もあります。なお、議論の対象は銘文のみで、仏像そのものの成立時期に関するものではありません。

仏像の成立時期については、多くの学者が仏像の様式や技法などの点からも、六二三年頃に完成されたとみてよいと述べていますが、私もそれに賛成です。

逆に私が気になるのは、なぜ現代の研究者の多くが、この銘文だけは公式記録として内容に疑いがないと考えるのかという点です。この法隆寺金堂の中央に安置されている本尊・釈迦三尊像は、中尊の釈迦如来坐像（像高八七・五センチメートル）と左右の脇侍菩薩立像の三尊からなる止利様式の仏像は、あまりに完璧につくられています。この完璧さはその光背の銘文も同じなのです。

三尊は背後の大型の舟形光背（全高一七七センチメートル）に包まれています。宣字座と称される上下二段構成の箱形の木造台座上に釈迦如来が坐し、その左右に両脇侍像が侍立する形式としても完璧のように見えます。これは一光三尊の金銅像として日本で最も古い様式かつ最も完具した仏像で、飛鳥彫刻の代表作とされています。そして光背裏面の銘文が、書道史的に本像をさらに重要なものとしています。

では、その内容を検討してみましょう。

◉如実にわかる太子の死と釈迦像造立の経緯

この「法隆寺金堂釈迦三尊像光背銘」はみごとな書体で、聖徳太子の薨去《こうきょ》にふさわしい鑿彫《のみえり》の文字を示しています。文字面三三・九センチメートル四方に、一九六字を一四字×一四行と、行の字数と行数を揃える形式は日本で唯一のものです。

《法興元卌一年歳次辛巳十二月、鬼　前太后崩。明年正月廿二日、上宮法　皇枕病弗悆。干食王后仍以労疾、並　著於床。時王后王子等、及與諸臣、深懐愁毒、共相發願。仰依三寳、當造釋像、尺寸王身。蒙此願力、轉病延壽、安住世間。若是定業、以背世者、往登浄土、早昇妙果。二月廿一日癸酉、王后即世。翌日法皇登遐。癸未年三月中、如願敬造釋迦尊像并侠侍及荘嚴具竟。乘斯微福、信道知識、現在安隠、出生入死、随奉三主、紹隆三寳、遂共彼岸、普遍六道、法界含識、得脱苦縁、同趣菩提。使司馬鞍首止利佛師造》（『法隆寺金堂釈迦三尊像光背銘』）

口語訳……《法興のはじめより三一年、つまり推古天皇二九年（六二一年）一二月、聖徳太子の生母・穴穂部間人皇女《あなほべのはしひと》が崩じた。翌年（六二二年）正月二二日、聖徳太子が病に伏し、気も晴れなかった。さらに、聖徳太子の妃・膳部菩岐々美郎女《かしわでのほききみのいらつめ》（膳夫人）も看病疲れ発病し、並んで床に就いた。そこで膳夫人・王子たち（山背大兄王《やましろのおおえのおう》ら）は諸臣とともに、深く愁いを抱き、ともに次のように発願した。「三宝の仰せに従い、聖徳太子と等身の釈迦像を造ることを誓願する。この誓願の力によって、病気を平癒し、寿命を延ばし、安心した生活を送ることができる。もし、前世の報いによって世を捨てるのであれば、死後は浄土に登り、はやく悟りに至ってほしい」と。しかし、二月二一日膳夫人が崩じ、翌日、聖徳太子も崩じた。そして、推古天皇三一年（六二三年）三月に、発願のごとく謹んで釈迦像と脇侍、また荘厳の具（光背と台座）を造りおえた。この小さな善行により、道を信じる知識（造像の施主たち）は、現世では安穏を得て、死後は、聖徳太子の生母・聖徳太子・膳夫人に従い、仏教に帰依して、ともに悟りに至り、六道を輪廻する一切衆生も、苦しみの因縁から脱して、同じように菩提に至ることを祈る。この像は鞍作《くらつくりの》止利《とり》仏師に造像させた》

　文面を読むと、「推古天皇二九年（六二一年）一二月、上宮法皇の生母の王后が亡くなった。翌年正月、太子と太子の妃・膳部菩岐々美郎女（膳夫人）がともに病気になったため、膳夫人・王子・諸臣は、王の等身の釈迦像の造像を発願し、病気平癒を祈った。しかし同年二月二一日に王后（膳夫人）が、翌二二日に法皇が亡くなり、三一年（六二三年）に釈迦三尊像を仏師の鞍作止利に造らせた」という趣旨となっており、太子の死と釈迦像造立の経緯を詳細に語っているのです。これは東西の美術史上でも、造立の経緯を明確に示している点で希有のものといっていいでしょう。

◉後背銘文の歴史的、芸術的な特殊性

私はこの詳細な表現をなぜ光背の面一杯に刻したのか、かえって疑問に思いました。太子の功績を称えることのほうが、死亡の詳細を語るよりはるかに大事なことでしょう。死亡の詳細に、おかしな意図が感じられるのです。

もちろん、この文章の中で造像の施主たちは、銘文の前半で釈迦像の造像を発願することが、その称賛を意味しているというかもしれません。後半はその誓願どおりに造り終えたと記しています。

実際の造像は太子と太子の妃の死に際してであり、仏像を造り終えることで誓願が成就するとされています。それと同時に、造像の施主たちは造像の利益によって自分

たちも現世での安穏と、死後には亡くなった三人（三主）に従って仏教に帰依し、ともに浄土・悟りに至ることを祈念している、という複雑なものなのです。

聖徳太子が「厩戸皇子」である、という意味は、何も触れられていませんが、「法皇」と記されていることに注目すべきでしょう。これはのちに出家した太上天皇のことを指す用語ですが、「法皇」の称号は平安時代の宇多《うだ》天皇から初めて使われたもので、もともと仏教用語ではありません。そのため、この銘文の作者は、キリスト教の「法皇」の意味を込めていたのではないかと疑われるのです。

もちろん、ローマ法王の言葉は日本では成立しているはずはありませんが、蘇我氏の識者がカトリックの「法王」を意識してこれを用いた可能性があります。日本国内において「法王」、あるいは「教皇」という異なる呼称が統一して「法皇」の名となることは仏教では用いられておらず、なぜ「皇太子」ではいけないのでしょうか。

また、末尾に造像の仏師を鞍作止利と記していますが、この時代の銘文に仏師の名前が当主の死とともに記される例はありません。美術史上、東西を含めて極めて稀で、あったとしても西洋でも作家個人の能力を重んじた「ルネッサンス」期以後のことです。つまり日本では、すでに作家個人の能力を重視していたことになります。

歴史学者の東野治之氏は、釈迦三尊像の光背の一四字×一四行＝一九六文字の銘文を調査した結果、銘文は蝋型鋳造という技法でつくられたことを指摘しています。その結果、この銘はあとから刻印されたものではなく、像が造られたときに刻まれたものであると述べています。

光背裏に書かれた太子の薨去に関する記述の部分が、周りに比べて凹凸が修正され、銘文より一回り大きい正方形の平坦なスペースになっています。つまり光背を制作するときには、あらかじめこの銘文が入ることを想定していたと判断されます。

「おまけに、この面には、金メッキした時の金が、点々と付着しているのも見える。これらの事実は、この銘文が仏像と同時のものであることを物語っている」（東野治之『聖徳太子　ほんとうの姿を求めて』（岩波ジュニア新書）。

この鋭い観察は、この銘文が最初から意図されたものであるということを指摘しています。ここに、暗殺を公に否定することを、この像と銘文が意図しているのではないかということではないでしょうか。

第10章　聖徳太子は暗殺されたか
——妃と太子の薨去日の一日のずれの意味

◉太子暗殺の動機一

前章で法隆寺金堂の釈迦三尊像光背の銘文を読みましたが、推古天皇を補佐し、皇太子として国政を担っていた聖徳太子は、六二二年に当時流行していた天然痘に倒れたと書かれています。看病していた妻の膳大郎女《かしわでのおおいらつめ》が先に亡くなり（六二二年二月二一日）、その翌日に聖徳太子も息を引き取りました（六二二年二月二二日）。これが、太子の薨去《こうきょ》の記述として定説となっています。

しかしこの定説に対し、愛妻と一日違いで亡くなることが不自然だとして、聖徳太子の暗殺説が浮上しています。もしその説が成り立つとすれば、時の摂政として活躍していた聖徳太子をなぜ、そして誰がその命を狙っていたのか、という問題が浮上します。

聖徳太子は、史上初の女性天皇となった推古天皇に信頼され、当時の実力者で大臣を務めていた蘇我馬子《そがのうまこ》とともに政治改革を推進していったことになっています。しかし馬子は、別のことを考えていたのです。

それは太子の氏族名どおり、「厩戸皇子」の実現、つまり日本のキリストを作り上げるという一貫した隠れた野心で、「我、蘇り」蘇我馬子は厩戸皇子をキリストにしたかったのです。

前天皇の崇峻《すしゅん》天皇は、そうした蘇我馬子の意図に沿った天皇ではありませんでした。あくまで、聖徳太子こそ馬子の野心にふさわしいと考えていましたが、太子はそれに乗りませんでした。そのため、馬子は自分の野心を太子の子である山背大兄王《やましろのおおえのおう》に託さざるをえなくなりました。そこで太子暗殺という、文字どおり陰謀を敢行したのです。馬子の野心の成就を次世代に託する以外になくなったわけです。これが釈迦三尊像光背の銘文で読み取ったことですが、それ以外にも馬子による暗殺を裏づける事実があります。

これまで、独裁にこだわっていた蘇我馬子は聖徳太子の登場によって蘇我氏一族の力が弱まるのを恐れていた、とだけ考えられてきました。

また、馬子は仏教を崇拝しており、五八七年、仏教よりも神道を重んじていた実力者・物部守屋《もののべのもりや》を滅ぼしています。寺を大事にして神社をなくそうとしていたのです。

しかし聖徳太子は、仏教を取り入れながら神道も篤く信仰するという、今日の日本の原型を作り上げていたのです。蘇我氏が密かに画策していたネストリウス派的キリスト教化が完全に失敗したことは、蘇我馬子にとっては受け入れがたいことでした。少なくとも、聖徳太子にキリスト教を教え、厩戸皇子と名をつけたのですから、蘇我氏の真の意味を教えたにちがいありません。しかし、聖徳太子はそれを受け入れなかったのです。

つまり、蘇我馬子が聖徳太子を明らかに日本のキリストにして、日本をキリスト教化しようとし、逆に聖徳太子からそれを拒まれて暗殺に向かったのではないか、というのが私の推測です。

このような背景から、蘇我馬子は聖徳太子がだんだん邪魔になっていき、聖徳太子を亡き者にしようと決意したと考えられます。

◉太子暗殺の動機二

聖徳太子には四人の妻がおり、なかでもいちばん愛した女性が膳大郎女でした。聖徳太子は膳大郎女に墓にともに入ろうと語ったほど彼女を愛し、八人もの子供をもうけたのです。

そのほかの三人の妻のうち、膳大郎女よりも先に結婚した聖徳太子の正式の皇后は、蘇我馬子の娘・刀自古郎女《とじこのいらつめ》（生没年不詳）でした。刀自古郎女は、聖徳太子の後継者ともいえる山背大兄王を含む四人の子供を産み、膳大郎女よりもはるかに身分が高い存在でした。

つまり、刀自古郎女からすると、自分よりも身分の低い女に夫を奪われてしまったことになります。父親は今をときめく権力者。刀自古郎女はプライドを引き裂かれた心境だったでしょう。

この嫉妬心から、刀自古郎女が聖徳太子と膳大郎女を暗殺したとしてもおかしくありません。二人は天然痘で苦しんでいたので、女一人でも十分に事を成し遂げられたはずです。愛する膳大郎女を先に殺害し、悲しみにくれる夫をさらに苦しめて手に掛けるという復讐劇、という展開もなくはありません。しかし事の重さを考えると、やはり馬子の謀略の可能性が高いでしょう。

キリストにも純粋な仏教にも徹しない聖徳太子は必要のない人物で、それも自分よりも、はるかに人々の中で尊敬を受けていることへの嫉妬があったと考えられます。太子の死を追っての妻の殉死とすれば、ますます彼らの嫉妬が増すことになるかもしれません。しかし前日であれば太子の死に目にあわない死となります。

いずれにせよ、この二一日と二二日の妃の死と太子の薨去をいずれも病死とするには辻褄があいすぎるのです。私は、ここに馬子の太子殺害の前提のうえでの妃の殺害があったと考察します。

陰謀説については、暗殺は古来、権力者たちが当然のように行ってきたことで、時代背景に沿っているといえます。一方の嫉妬説も、現代人からすればサスペンスドラマのようで真実味があるでしょう。

四人の妃のなかでも聖徳太子は「ともに墓に入ろう」と語ったほどいちばん愛した女性が膳大郎女だったことはすでに述べました。二人は八人もの子供をもうけましたが、彼らもまた蘇我氏の憎悪の対象になったことは、十分に考えられることなのです。

太子の死後、別れを惜しむ殯《もがり》の儀礼もなく、すぐに埋葬されたといいます。殯とは、日本の古代に行われていた葬送儀礼で、死者を埋葬するまでの長い期間、遺体を納棺して仮安置し、別れを惜しみ、死者の霊魂を畏れ、かつ慰め、死者の復活を願いつつも遺体の腐敗・白骨化などの物理的変化を確認することにより、死者の最終的な「死」を確認することです。その柩を安置する場所や、殯の期間に遺体を安置した建物を「殯宮《もがりのみや》」（『万葉集』では「あらきのみや」といいます）。

そんな殯の儀礼もせずにすぐ埋葬したのは、死因を知らせないようにした馬子の采配だったと思われます。死者への厚い慈しみをいっさい欠いたこのような行いは、蘇我馬子しかできない行為でしょう。

馬子の「聖徳太子＝厩戸皇子」が、神仏習合の立場であったことを考えると、この暗殺という挙は、意に沿わなかった厩戸王子に対する仕打ちと考えざるを得ないのです。このような背景から、蘇我馬子にとって聖徳太子は邪魔になっていき、太子を亡き者にしようと決意したと考えられます。それは日本人の考えるようなことではなく、ことさら日本をねじ曲げようとしたユダヤ人的行為といわざるを得ません。

聖徳太子亡きあと、蘇我馬子は再び実権を握り、政治は天皇中心のものから蘇我氏中心のものになっていきました。その決定的なものは六四三年、蘇我馬子の孫にあたる蘇我入鹿《いるか》が、聖徳太子の息子であった山背大兄王を一族もろとも攻め滅ぼしたことです。

すでに蘇我馬子は亡くなっていましたが、聖徳太子の一族を大切にしていれば孫がこのような事件を起こすことはなかったでしょう。入鹿の山背大兄王暗殺については第14章で検証していきます。

第11章　『天寿国繡帳』の意味すること

◉聖徳太子の四人の妃たち

聖徳太子には四人の妃、つまり妻がいました。

菟道貝蛸皇女《うじのかいたこのひめみこ》（生没年未詳）は、敏達《びだつ》天皇と推古天皇の皇女で、聖徳太子のいとこで妃となりました。しかし子もなく、結婚後まもなく逝去したと思われます。同母弟に竹田《たけだ》皇子、尾張皇子（聖徳太子の妃　橘　大郎女《たちばなのおおいらつめ》の父）、同母妹に小墾田皇女《おはりだのひめみこ》（押坂《おしさか》彦人大兄皇子妃《ひこひとおおえのみこ》）、田眼皇女《ためのひめみこ》（のちの舒明《じょめい》天皇妃）、桜井弓張皇女《さくらいのゆみはりのひめみこ》（押坂彦人大兄皇子及び来目《くるめ》皇子の妃か）らがいます。

二人目の刀自古郎女《とじこのいらつめ》（生没年不詳）は、父は蘇我馬子《そがのうまこ》、母は物部《もののべ》氏の女（太媛《ふとひめ》）と伝えられています。また一説には、第三二代崇峻《すしゅん》天皇の女御・河上娘《かわかみのいらつめ》の妹、もしくは同一とするものがあります。兄弟に蘇我蝦夷《えみし》がいます。

三人目の橘大郎女（生没年不詳）は、位奈部橘王《いなべのたちばなのおう》ともいいます。父は尾張皇子（敏達天皇の皇子。母は推古天皇）。子女は白髪部王《しらがべのおう》・手嶋女王《てしまのひめみこ》。聖徳太子が推古三〇年（六二二年）に薨去《こうきょ》すると、橘大郎女は推古天皇に請うて天寿国曼荼羅繡帳《てんじゅこくまんだらしゅうちょう》（天寿国繡帳ともいう）を采女《うねめ》につくらせた前日に死にました。

四人目が膳部菩岐々美郎女《かしわでのほききみのいらつめ》（？－推古天皇三〇年二月二一日〈六二二年四月七日〉）で、膳大娘《かしわでのおおいつらめ》（女）、高橋妃などとも書かれます。六世紀から七世紀に伴造《とものみやつこ》として活躍した豪族・膳氏の出身で、膳臣傾子《かしわでのおみかたぶこ》（加多夫子とも）の娘。妹は聖徳太子の弟・来目皇子の夫人・膳比里古郎女《かしわでのひりこのいらつめ》です。推古天皇六年（五九八年）に聖徳太子の妃になって四男四女を産み、そのうちの春米女王《つきしねのひめみこ》は異母兄・山背大兄王の妃になります。聖徳太子は愛する膳部菩岐々美郎女に、「死後はともに埋葬されよう」と言ったと伝わっています。

先述したように、推古天皇三〇年（六二二年）、聖徳太子とともに病となり、陰暦二月二一日に死去。翌二月二二日に太子も死去します。聖徳太子の墓所である磯長《しなが》陵《りょう》に合葬されました。

◉天寿国繡帳の銘文を読む

天寿国繡帳《しゅうちょう》の銘文から、聖徳太子の死去を悼んで三人目の妃である橘大郎女がこの繡帳をつくらせたことがわかりますが、この奈良県斑鳩町の中宮寺が所蔵する飛鳥時代七世紀の染織工芸品である繡帳は、太子の死に対して示唆に富む内容を提供してくれます。

繡帳を制作したのは秦久麻《はたのくま》、東大寺の厨子《ずし》の彩色を施した秦連稲守《はたのいねもり》、秦堅魚《はたのかたうお》などの絵師でした。いずれもユダヤ系であり、その表現が純粋に仏教に徹することができない部分が出てくるのも必然でしょう。

銘文の前半部分（欽明天皇から聖徳太子、橘大郎女に至る系譜を記す）は割愛し、繡帳の制作経緯にかかわる内容が記された後半部分の現代語訳を紹介します。

《辛巳《かのとみ》の年（推古天皇二九年・西暦六二一年）一二月二一日、聖徳太子の母・穴穂部間人皇女《あなほべのはしひとのひめみこ》（間人皇后）が亡くなり、翌年二月二二日には太子自身も亡くなって

図８　天寿国曼荼羅繡帳　中宮寺　奈良国立博物館所蔵

しまった。これを悲しみ嘆いた太子の妃・橘大郎女（多至波奈大女郎《たちばなのおおいらつめ》）は、推古天皇（祖母にあたる）にこう申し上げた。

「太子と母の穴穂部間人皇后とは、申し合わせたかのように相次いで逝ってしまった。太子は『世の中は空しい仮のもので、仏法のみが真実である』と仰せになった。太子は天寿国に往生したのだが、その国の様子は目に見えない。せめて、図像によって太子の往生の様子を見たい」と。これを聞いた推古天皇はもっともなことと感じ、采女《うねめ》らに命じて繡帷二帳を作らせた。画者（図柄を描いた者）は東漢末賢《やまとのあやのまけん》、高麗加西溢《こまのかせい》、漢奴加己利《あやのぬかこり》であり、令者（制作を指揮した者）は椋部秦久麻《くらべのはだのくま》である》

◉「天寿国」は「天国」を指している

この繡帳の古記録に基づく考証によると、制作当初は縦二メートル、横四メートルほどの帳二枚を横につなげたものであったと推定されますが、現存するものは全体の一部にすぎず、さまざまな断片をつなぎ合わせ、縦八八・八センチメートル、横八二・七センチメートルの額装仕立てです。

このほかに断片二点が別途保存されています。断片のみの現存ですが、飛鳥時代の染織工芸、絵画、服装、仏教信仰などを知るうえで貴重な作品となっています。

もともとは繡帳自体に、製作の事情を記した銘文が刺繡で表されていました。現存する「天寿国繡帳」には四か所に亀が描かれ、それぞれの亀の甲羅に漢字が四字ずつ刺繡で表されていますが、これらの文字は繡帳に表されていた銘文の一部です。

たとえば、現存の繡帳の左上にある亀形には「部間人公」の四字が見えますが、これは「孔部間人公主」という人名の一部です。

額装の繡帳とは別に保管されている残片二点のうちの一点も亀形であり、これを含めても現存する亀形は五個、文字数は二〇字にすぎません。

制作当初の繡帳には全部で一〇〇個の亀形が表され、その甲羅に計四〇〇文字が刺繡されていたと考えられています。この銘文の全文は『上宮聖徳法王帝説』に引用され、一部に誤脱があるものの四〇〇字の文章に復元されています。

ここに「天寿国繡帳」の銘文の原文を掲げてみます（『上宮聖徳法王帝説』に引用された銘文をもとに、飯田瑞穂が考証・校訂を加えたもの）。銘文は繡帳の上では四文字ずつに区切って表されていたので、ここでも四文字ずつに区切って表記します。太字の五か所（二〇文字）は現存する繡帳に残っている文字です。

《斯帰斯麻　宮治天下　天皇名阿　米久爾意　斯波留支　比里爾波　乃弥己等　娶巷
奇大　臣名伊奈　米足尼女　名吉多斯　比弥乃弥　己等為大　后生名多　至波奈等
已比乃弥　己等妹名　等已弥居　加斯支移　比弥乃弥　己等復娶　大后弟名　乎阿尼
乃　弥己等為　后生名孔　部間人公　主斯帰斯　麻天皇之　子名蕤奈　久羅乃布　等
多麻斯　支乃弥己　等娶庶妹　名等已弥　居加斯支　移比弥乃　弥己等為　大后坐乎
沙多宮治　天下生名　尾治王多　至波奈等　已比乃弥　己等娶庶　妹名孔部　間人公
主　為大后坐　瀆辺宮治　天下生名　等已刀弥　弥乃弥己　等娶尾治　大王之女　名
多至波　奈大女郎　為后歳在　辛巳十二　月廿一癸　酉日入孔　部間人母　王崩明年
二月廿二　日甲戌夜　半太子崩　于時多至　波奈大女　郎悲哀嘆　息白畏天　皇前曰
啓　之雖恐懐　心難止使　我大皇與　母王如期　従遊痛酷　无比我大　王所告世　間
虚仮唯　仏是真玩　味其法謂　我大王応　生於天寿　国之中而　彼国之形　眼所叵看
悕因図像　欲観大王　往生之状　天皇聞之　悽然告曰　有一我子　所啓誠以　為然勅
諸　采女等造　繡帷二張　画者東漢　末賢高麗　加西溢又　漢奴加己　利令者椋　部

秦久麻》　　（＊現代語訳は一五九頁）

　銘文にある「天寿国」とは何を指すかについては古来さまざまな説がありますが、阿弥陀仏の住する西方極楽浄土だという説が有力です。

　東野治之氏は、飛鳥・奈良時代には阿弥陀浄土以外にも薬師浄土、弥勒《みろく》浄土など複数の浄土への信仰があったことを踏まえ、「天寿国」とは天界の寿命を生きられる国、すなわち弥勒の浄土である兜率天《とそつてん》を指している可能性を指摘しています。

　しかし、「すべて浄土」というべきで、天寿国というのは、キリスト教の天国ではないかと思われます。

「天寿国繡帳」とは「聖徳太子が往生した天寿国のありさまを刺繡で表した帳《とばり》」の意であり、「天寿国」が何を指すかについては古来さまざまな説があり、阿弥陀如来の住する西方極楽浄土を指すという説が有力です。しかし、天寿国と西方極楽浄土は、その意味が異なります。

　一方は「天」の存在であり、他方は「西方」の存在です。つまり一方は垂直な世界で、他方は水平の場所として想像されているのです。仏教には西方浄土で、天国は考えられていません。ですからこれは、蘇我・厩戸皇子の意味どおりキリスト教の「天国」の可能性が高いでしょう。

第12章　法隆寺所蔵の国宝「玉虫厨子」の主題について

◉玉虫厨子の意味するもの

蘇我氏の「我、蘇り」という主題が当時、それほど特殊な言葉として認識されなかったのは、仏教に似た主題であったためです。そこに「厩戸皇子《うまやど》＝キリスト」が関連するとは誰も思わなかったからでしょう。蘇我馬子《そがのうまこ》らは、キリストと釈迦の深い関係があることをそれくらい利用していたわけです。

釈迦は、一度として死と再生の体験をしたわけではありません。近い体験としては八〇歳までの生涯では一度だけ、わずかな水と豆類などの断食修行で身体が骨と皮のみとなり、やせ細った肉体となったことがあります。

釈迦は施し（乳粥供養）を得たことで、過度の快楽が不適切であるのと同様に断食行為など極端な苦行は心身を極度に消耗するのみで不適切である、ということは悟って苦行をやめ（苦行放棄）、死には至りませんでした。玉虫厨子《たまむしのずし》のような死の場面があるのは、その前世においての人物の事件として描かれたからです。

法隆寺が所蔵する装飾に玉虫の羽根を使用していることからこの名がある「玉虫厨子」は、高さ約二・三メートル。檜材製ですが、蓮弁を彫り出した部分のみ樟材を使用しています。法隆寺金堂に安置してありましたが、現在は大宝蔵院に安置されています。

須弥座《しゅみざ》部は、正面に「舎利供養図」、向かって左側面に「施身聞偈図《せしんもんげず》」、右側面に「捨身飼虎図《しゃしんしこず》」、背面に「須弥山世界図」が描かれています。

出土品ではなく、伝世の漆工芸品としては日本最古の遺品であり、数少ない飛鳥時代絵画の遺品としても重要です。法隆寺の「昭和資財帳」作成の際の再調査では、厨子の蓮弁部分に截金《きりかね》の痕跡が発見され、截金使用の最古例としても注目されています。それだけ、貴重なものをつくろうとする製作者や法隆寺自身の熱意が伝わってきます。この日本最古の工芸美術作品は、わずかに残る玉虫の華麗さから、これをつくらせた人物は一貫した「我、蘇り」という主題に固執した人物と考えられます。

この須弥座の絵画のうち「捨身飼虎図《しゃしんしこず》」と「施身聞偈図《せしんもんげず》」が、釈迦の前世の物語となっています。

「捨身飼虎図」は、自ら高所に登って着物を脱いで木の枝に掛ける場面、中央の場面は虎の前に飛び降りているところで、まるで水泳の飛び込みの場面のように優雅に見えます。その下は、薩埵《さった》王子が飢えた母虎とその七匹の子のために身を投げて彼らの命を救っています。つまり、母子の虎に自らの肉体を布施するという物語で、出典は『金光明経』「捨身品」です。この図は、美術史上では「異時同図法」の典型的な例としても知られ、王子が衣服を脱ぎ、崖から身を投げ、虎にその身を与えるまでの時間的経過を表現するために、王子の姿が画面中に三回描かれています。

「施身聞偈図」は雪山童子《せっせんどうじ》で知られ、童子が無仏の世にヒマラヤで菩薩の修行をしていると羅刹《らせつ》が「諸行無常・是生滅法」と言ったので、その残りの半句を聞くために腹をすかせた羅刹に「生滅滅已・寂滅為楽」の半句を聞き、木石などに書き残して投身したという物語です。投身した刹那に羅刹は帝釈天《たいしゃくてん》に姿を戻し、童子の身を受け止めて未来に仏となったときに我らを救い給えといった、という筋書きです。「施身聞偈図」で知られる図の出典は『涅槃経《ねはんきょう》』「聖行品」で、釈迦の前世物語として名高いエピソードです。

ともに、山、崖などを表現する際に「C」字形の描線を多用するのが特色となっています。童子の投身した一瞬の姿を見事にとらえており、それが下で帝釈天が受け止めようとする悠然とした姿と対照的です。

◉玉虫厨子から読み取れるキリストの復活神性

これらは、身を捨てて他人のために命を惜しみなく捧げるという行為が、キリストが我が身を磔刑《たっけい》によって人間の贖罪《しょくざい》をする行為と重なり合わせていると考えられます。こうした前世の物語をわざわざ選んで聖徳太子の寺・法隆寺金堂に奉納していることは、聖徳太子が生前、そのような行為をされたのだということを人々に伝えたかったのでしょう。

釈迦がしなかったことを、わざわざ前世譚から取り上げて描かせた意図は、「我、蘇り」というキリストの姿を思い起こさせるためと考えていいでしょう。それは一方では、聖徳太子を「厩戸皇子＝キリスト」と名づけたことの真の意味を教示したかった蘇我馬子の意図と重なっていると考えられます。

これらの物語には、次のような前章があり、それを深読みすることができます。

「インドに大事《だいじ》という名前の王様がいたが、この国は富み栄え、いつも正法をもって国民を導いていた。王様には三人の王子がいたが、兄を大渠《だいこ》、弟は大天《だいてん》、幼弟は大勇《たいゆう》という名前だった。ある日、三人が森に遊びに出掛けたところ、七匹の子を連れた母虎が親子共々飢えに痩せ衰え、餓死寸前であった。王子たちは、飢えのあまりあわや我が子を食べようとしている虎を目の当たりにし、大渠と大天の二人の兄は憐みの心を持ったものの、末の大勇に向かって『虎は豹や獅子と同じく生肉や生血を食べている。私たちはこの虎の飢えを救うことはできない』と話し、その場を立ち去って行った。

幼弟の大勇は、『人はみな自分の身を愛して他に恵むことを知らない。優れた人は、大慈悲の心をもってわが身を忘れて他を救う。私は百度千度生まれ変わっても、身体は腐り爛《ただ》れるだけだ。この身は変わりゆくもので、常に求めても満たしにくく、また保ち難い。今私はこの身を捨て、飢えている虎の親子を救ってあげよう』と思い定め、少しも躊躇することなく進んで虎の前に身を委ねた、と語られる。虎は直ちに飛び掛かり肉を噛み尽くし、あとは、白骨が辺りに散らばるのみだった」

この大勇の生まれ変わりが釈迦だといいます。この感動的な物語は一方で、兄二人のある意味常識的な見方を書いていることにより、いっそう高まっています。すべて「我、蘇り」という奇跡が、この行為を保証していることになります。

玉虫厨子のこの二図は、蘇我氏か秦氏によって奉納されたと考えられます。なぜなら、もともと最初の女性天皇が「推古天皇厨子」と呼ばれており、天皇に奉献できるのは、この外来の二氏族においてしか考えられないからです。つまり、ネストリウス派のキリストの復活の神性を強く支持していたということが、この図から読み取れるのです。

第13章　『唐本御影』図について

◉唐本御影について――聖徳太子の肖像画

聖徳太子の肖像画は、昭和五年（一九三〇年）、紙幣（日本銀行券）の絵柄として百円紙幣に初めて登場して以来、千円紙幣、五千円紙幣、一万円紙幣と登場し、累計七回と最も多く紙幣の肖像として使用されました。長きにわたって使用されたため、「お札の顔」として聖徳太子像は日本国民に広く認識されるようになりました。

特に高度成長期に当たる昭和三三年（一九五八年）から昭和五九年（一九八四年）に発行された「C一万円券」が知られており、高額紙幣の代名詞として「聖徳太子」という言葉が使用されました。

図９「唐本御影」図　（模本）奈良国立博物館所蔵

この肖像は、太子を描いた最古のものと伝えられる「唐《とう》本御影《ほんみえい》」から採られています。聖徳太子と皇子たちの図として有名なこの「唐本御影」では、中央に聖徳太子、向かって右の人物が山背大兄王《やましろのおおえのおう》とされています。そして明らかに丸い美豆良《みずら》をつけており、この二人の皇子像はユダヤ人の風俗です。

この像は、『日本書紀』において、推古天皇五年（五九七年）四月に阿佐太子《あさたいし》が日本に渡って聖徳太子の肖像画を描いたと伝えられています。理想化された聖徳太子および二王子像で阿佐太子御影《みえい》とも呼ばれており、つまりこの図は日本人が描いたわけではないということになります。

しかし、聖徳太子がこうした肖像画を描くよう指示したとは考えられず、摂政・聖徳太子にふさわしい気品のある佇まいをしていることから、単なる絵師が描いたとは思われないという称賛の意味で、阿佐太子の名が出てきたのでしょう。阿佐太子がのちに法隆寺の壁画を描いた一人でもあるという関係から名前が出た、というのが私の推測です。

奈良の法隆寺に伝来し、明治以降は御物となっている「聖徳太子二王子像」と呼ばれるこの肖像画は、二王子を左右に小さく配置した構成となっていますが、この配置は仏教の三尊仏形式の影響を受けています。

二王子は女性のように丸く編んだ美豆良をつけており、右前方（向かって左）が弟の殖栗《えくり》皇子、左後方（向かって右）が息子の山背大兄王とされています。武人埴輪同様、直刀を佩《は》いていることは、この時代の武力がこうした皇室関係にも及んでいることを示唆しています。これは六世紀の人物埴輪がそうであったように、刀を常に携帯していたことになります。

二皇子が美豆良をつけているのは、これを習慣とするユダヤ人がすでに混血して日本人に同化してもその習慣を続けており、刀の携帯ともに、この時代の様相を伝えています。この絵が飛鳥時代の日本美術作品と思われるのは、こうしたこの時代しか存在しないユダヤ人的風俗だからです。

◉ユダヤ人の髪型を知っていた蘇我氏系画師による肖像

史家たちがこの絵を、「同時代に制作されたわけではない」と考えるのは、法隆寺の金堂壁画に共通の要素があることに思いを及ぼさないからです。

衣紋に沿って軽い陰影のあるこの画風は、この金堂壁画の中央の釈迦像の坐像の衣紋によく似ています。これは西域から中国に流入した陰影法と考えられ、六朝時代の肖像画に使われていた画風とされています。

しかしこの金堂壁画にあらわされている以上、この金堂壁画に参加した誰かがこの肖像画制作にかかわった可能性があります。無論、金堂壁画は戦後、模写画の制作の際、不慮の火災に遭い、原画は写真でしか予想し得ませんが、その描き方は類似しています。

日本の肖像画は奈良時代に入るとこの陰影を失っており、中国でも同様であろうと考えられます。また、中央に本人、左右に二王子が並ぶ構図は、閻立本《えんりっぽん》『帝王図巻』との類似性が指摘されています。

いずれにせよ、金堂壁画が飛鳥時代に描かれている以上、作者が大陸系だとしても、日本人画家として描いた可能性が十分あり、同時代に蘇我氏がこれを注文したと考えられます。

法隆寺に収蔵された時期は定かではありませんが、一二世紀半ばには学者の大江親通《おおえのちかみち》が法隆寺を訪れて実見し、『七大寺巡礼私記』に「太子俗形の御影」と記述しています。一三世紀半ば（鎌倉時代）に、法隆寺の僧・顕真《けんしん》が『聖徳太子伝私記』でこの絵を「唐本御影」と呼び、その由来についていろいろな説があるとして、そのうち二つをあげています。

しかしいずれにせよ、二王子の頭部の美豆良については言及していません。この図が法隆寺にあったこと、また作者に蘇我氏自身の由来や、当時、日本人が三種類の人々が混血していた（『新撰姓氏録』の神別、皇別、諸藩）という認識がなかったと考えられることからも、こうした肖像画を描くに至ったことは十分推定できるでしょう。

ですから、ユダヤ人の髪型を知った蘇我氏系の画師が、法隆寺の釈迦三尊像のような聖徳太子の薨去の記念として描いたと判断していいでしょう。ちなみに釈迦三尊像の中尊の釈迦如来像は、太子と等身につくられました。もちろん仏像として様式化されてはいますが、その顔つきに太子の面影をうかがうことができるかもしれません。史家が推測したところ、座高から割り出した太子の身長は一六五センチメートル弱となり、当時としては長身でした。

この肖像画の表現は同時代のものと推定されますが、のちの模本の可能性もあります。聖徳太子信仰が、すでに奈良時代から生まれているのです。

では次に、この肖像画の二人の王子が死に追いやられた蘇我入鹿《いるか》の事件を検討してみましょう。

第14章　蘇我入鹿による山背大兄王一族の暗殺

◉馬子の孫・入鹿による山背大兄王の暗殺

推古天皇三四年五月二〇日（六二六年六月一九日）、蘇我馬子《そがのうまこ》が死去し、子の蝦夷《えみし》がかわって大臣となりました。推古天皇三六年三月七日（六二八年四月一五日）、推古天皇は後嗣を指名することなく崩御されました。この事実をとっても、推古天皇の意向を封じることは、最初に女性天皇にさせた蘇我氏の意図を感じさせられます。少なくとも、彼らの専横の一端と見えます。

皇位継承権者としては、田村《たむら》皇子と山背大兄王《やましろのおおえのおう》（聖徳太子の子）がいました。血統の上では山背大兄王のほうが蘇我氏に近いですが（聖徳太子は蘇我氏の血縁であり、山背大兄王の母は馬子の娘）、山背大兄王は用明天皇の二世王であり、すでに天皇位から離れて久しい王統となっていました。このような皇族が斑鳩《いかるが》という交通の要衝に多数住んで、独自の政治力と巨大な経済力を擁していたのです。

推古天皇や蘇我蝦夷なき朝廷は、田村皇子を次期皇位に推しました。蝦夷は山背大兄王を推す叔父の境部摩理勢《さかいべのまりし》を滅ぼして田村皇子を即位させ、舒明《じょめい》天皇となられました。ここにも、境部摩理勢を滅ぼすという暴力的暗殺行為がまかり通っていることがわかります。

こうして蘇我氏の反朝廷の動きは露骨になり、豪族たちは朝廷に出仕せず、専《もっぱ》ら蘇我家に出仕するほどになったのです。大派皇子《おおまたのみこ》（敏達《びだつ》天皇の皇子）は、群卿《まちきんだち》が朝廷に出仕することを怠っているので、今後は鐘を合図に出仕させることにしようと建議しましたが、蘇我蝦夷はこれを拒んだといいます。

舒明天皇一三年一〇月九日（六四一年一一月一七日）、舒明天皇は崩御し、皇后だった宝皇女が皇極《こうぎょく》天皇となって即位されました。蘇我氏の勢力は、さらに朝廷の支配を強めるようになりました。

『日本書紀』によると、皇極天皇元年（六四二年）七月、日照りが続き、蝦夷は百済大寺に「菩薩像」と「四天王像」を祀り、衆僧に読経させ、焼香して雨を祈りました。すると翌日、わずかに降りましたが、その翌日には降らなかったといいます。八月、皇極天皇が南淵の川辺で四方を拝して雨を祈ったところ、たちまち雷雨となり、雨は五日間続いたため、人々は皇極天皇を「至徳天皇」と呼んだといいます。このことを『日本書紀』は、蘇我氏と天皇家が君主の資格である祈祷力比べを行い、天皇家が勝ったのだとは主張しています。

同年、蘇我蝦夷は父祖の地である葛城の高宮に祖廟を造り、臣下が行ってはならないとされる「八佾《やつら》の舞」を舞わせたといいます。これは蘇我氏の「専横」の一例とされますが、近年の研究では、八佾の舞とは『論語』内の存在であり、『日本書紀』でこの語が用いられているのは単なる修飾であるとされ、以上の出来事は単に蝦夷が父祖の地で祖先を祀る祭祀を行ったことを示した文章にすぎないと指摘されています。

こうした指摘の変化は、蘇我氏の専横政権であるとする従来の解釈が、近年になって天皇に対する権力批判のほうに視点が移り、それを積極的に行った蘇我氏に対する評価が高まったことの反映といえるかもしれません。しかし専横は専横です。それは蘇我氏がもともと日本的な伝統をもつ氏族ではなく、新たに入って来た渡来人のグループだということの証拠ともいえるのです。

また、この文章に続き、蝦夷と入鹿が自分たちの寿墓を造営して「陵」と呼ばせ、国中の民、部曲《かきべ》さらに上宮王家の壬生部《みぶべ》を造営に使役したことが記され、蘇我氏の「専横」の一例とされています。これも、この文章が『礼記《らいき》』や『晋書』などの漢籍が多く引用されていることなどから、実態は臣下としての立場を超えないものであったと考える研究家もいます。

皇極天皇二年一〇月六日（六四三年一一月二二日）、蘇我蝦夷は病気を理由に、非公式に「紫冠」を入鹿に授け大臣（オホマヘツキミ）とし、次男を物部大臣としました。彼らの祖母が物部守屋の妹であるという理由によるとされています。

これも、蘇我氏内部の氏上の継承はあくまで氏族内部の問題であり、冠位十二階から独立した存在である「紫冠」は、蘇我氏内部で継承したとしても何ら問題はないのではないか、といわれていますが、天皇の立場からすれば大きな侵犯とされます。こうした近年の研究が蘇我氏肯定に変わっているのも、蘇我氏の真の正体を理解することができない学界の一端を示しています。

皇極天皇三年（六四四年）には、蝦夷と入鹿《いるか》が甘樫丘《あまかしのおか》に邸宅を並べて立て、これを「上の宮門」「谷の宮門」と称し、入鹿の子供を「王子」と呼ばせていました。また、蘇我蝦夷の畝傍《うねび》山の東の家（橿原市畝傍町の橿原遺跡か）も含め、これらを武装化します。

「宮門」や「王子」という呼称は、『日本書紀』では天皇になったかのようなこうした蘇我の行為を諫めている書き方をしています。これは『日本書紀』の記述が、「乙《いっ》巳《し》の変」を支持する立場であることから当然ですが、「蘇我氏＝キリスト教」という別の立場で天皇支配を狙っていたなど知る由もなかったのです。

◉キリスト教の蘇我氏と秦氏との相違

私が推測するに、同じ仏教を支持する渡来人の立場から、秦河勝《はたのかわかつ》らは蘇我氏の思惑に気づいていたと思われます。ここで改めて秦河勝のことを触れておきましょう。

秦河勝は本来、蘇我氏とは異なり、欽明《きんめい》天皇に評価されていた帰化人氏族でした。欽明天皇の時代、初瀬川の氾濫により三輪大神の社前に流れ着いた童子を見た欽明

図10　三柱鳥居 京都、木嶋坐天照御魂神社

天皇は、以前の夢で《吾は秦の始皇帝の再誕なり、縁有りてこの国に生まれたり》と神童が現れていたことから、《夢にみた童子は此の子ならん》として殿上に召しました。のちに帝は始皇帝の夢に因んで童子に「秦」の姓《かばね》を下し、また初瀬川の氾濫により助かったことから「河勝」と称したとされます。これは幼児モーゼのエジプトでの発見に似ており、原始キリスト教の流れが秦河勝の考え方にあったと見ることができます。

六四三年の山背大兄王一族の殺害の年、秦河勝は都を脱出し、瀬戸内海を渡って赤穂に向かいました。同じ仏教を受け入れていたにせよ、ネストリウス派の蘇我氏に対し、三位一体を信じるキリスト教徒であった秦氏は、蘇我氏とは異なった立場を感じていたにちがいありません。

　このことは秦氏の氏寺、広隆寺側の木嶋神社の三柱鳥居で推測できます。京都、元糺の池に置かれた「三柱鳥居」は「京都三珍鳥居」の一つとして数えられ、三本の鳥居を組み合わせて三角形をつくった奇異な形は、さまざまな臆測を生んでいます。

　この周辺は太秦《うずまさ》であり、秦氏が住んでいるところです。キリスト教主流派は、「神、聖霊、キリスト」の三位一体の教理を支持しており、また三柱の鳥居がそれぞれ松尾大社・伏見稲荷大社・双ケ岡《ならびがおか》に向いている、などと指摘されています。

　京都の木嶋神社の三柱鳥居は、キリスト教の三位一体を表すという考え方は、すでに定説になっています。「木嶋坐天照御魂神社《このしまにますあまてるみたまじんじゃ》」といい、右京区太秦の地を鳥居の変形として考えられていますが、渡来人で養蚕の技術に優れた秦氏が建立したときは別の意味ももっていたと思われます。

◉日本で再現された『旧約聖書』の殺戮

さて、蝦夷や入鹿が、飛鳥の西方の甘樫丘や飛鳥への入り口である畝傍山東山麓に邸宅を建てていましたが、それはその栄華を誇り、朝廷を丘から見下し、支配しようとする意味をもっていたと思われます。

皇極二年一一月一日（六四三年一二月一六日）、入鹿は次期天皇に山背大兄王を望まず、蘇我氏の血をひく古人大兄皇子《ふるひとのおおえのみこ》を即位させようとしました。入鹿は巨勢徳多《こせのとこた》、土師《はじの》娑婆連《さばのむらじ》の軍勢をさしむけ、聖徳太子の子である山背大兄王の住む斑鳩宮《いかるがのみや》を攻めさせます。

入鹿に従い、山背大兄王討伐軍の将軍となった巨勢徳多《こせのとこた》は、「大化の改新」後の政府で左大臣に任命されているほどの有力な臣（マヘツキミ）でした。マエツキミは前つ君、（天皇あるいは大王の）前にいる臣の意味で、朝廷の合議に参加する資格をもつ高官。『日本書紀』は大夫などの字をあてました。

『藤氏家伝』によれば、山背大兄王に対する襲撃には、軽《かる》皇子（のちの孝徳天皇）など多数の皇族が加わっており、山背大兄王を疎んじていた蘇我入鹿と皇位継承における優位を画策する諸皇族の思惑が一致したからこそ発生した事件ともいわれています。『日本書紀』によると、これに対して山背大兄王は舎人数十人をもって防戦し、土師娑婆連を戦死させましたが、皇極天皇二年（六四三年）一一月一日、斑鳩宮にいた一族郎党を連れ生駒に逃れ、そこで側近の三輪文屋君《みわのふみやのきみ》からは東国へ逃れて再挙することを勧められました。しかし山背大兄王は、「戦えば世の中が混乱する。勝ったとしても、人々が多く死ぬのはわかっている。私は戦いたくない」と言ったそうです。

結局、一一月一一日、法隆寺に戻った山背大兄王一族は、法隆寺の五重の塔に行き、ある者はその中で山背大兄王とともに自害し、ある者は塔に上り、西に向かって飛び降り、一族の全員が亡くなったと伝えられています。山背大兄王一族を滅ぼしたことを知った蝦夷は、「自分の身を危うくするぞ」と嘆いたといいます。

この山背大兄皇子一族への殺戮こそ、聖徳太子暗殺の大きな証拠であるといっていいでしょう。息子一家まで死に至らしめることは、太子を含めてその系統を根絶やしにすることにほかなりません。

この系統が将来、蘇我氏に対して復讐すると考えることは、日本人的な道徳観をもたない人々のすることとです。すでに聖徳太子が「十七条憲法」で示していた「和」の思想を理解できない氏族が、蘇我氏だったのです。祖先信仰を基本とする日本人の生き方を否定し、またこの時代の朝鮮人、中国人の介入が認められる以上、蘇我氏・厩戸皇子の名が語るユダヤ人系一族の行為として確認できるのです。彼らが『旧約聖書』に示している多くの殺戮事件の類を、日本でも繰り返したのです。

◉日本の中枢を変えようとしていた蘇我氏

これまで史家の多くが、仏教を信仰する蘇我氏がこれほどの暗殺、殺人を行ったことを理解できず、蘇我氏のこうした残虐さは『日本書紀』の作者たちが天武天皇、藤原不比等《ふひと》などの新権力者の恣意的な意図から邪悪な蘇我氏のイメージを作り上げるためだった、と解釈してきました。戦後は権力、権威批判の風潮により、「記紀」に書かれてきたことは捏造だという理解です。

これは日本にやって来た渡来人の残酷なやり方で、遊牧民族（ノマド）のユダヤ人の特殊な気質に由来するのではないかというのが、私の見解です。蘇我氏が滅びると、こうした天皇殺し、皇太子暗殺などがなくなるという事態を見れば、この理解は肯定されるでしょう。

当時の皇位継承は単純な世襲制度ではなく、皇族から天皇にふさわしい人物が選ばれていました。その基準は人格のほか、年齢、代々の天皇や諸侯との血縁関係でした。これは天皇家の権力が絶対ではなく、あくまでも諸豪族を束ねる長《おさ》という立場だったからです。しかし蘇我氏の代になると、次の天皇の即位は蘇我氏の意のまま、という現象が続きました。その現象の裏には、彼らの恐怖政治があったにちがいありません。

本書では聖徳太子暗殺の実証を試みていますが、これはその行為が『日本書紀』の作者の捏造ではなく、実際に起こったことである、という見地によるものです。ですから、蘇我氏が別の意図をもって日本の中枢を変えてしまおうとしていたという指摘があっていいのではないかと考えています。

この山背大兄王の死から二年後に、入鹿暗殺事件「乙巳の変」が起きました。つまり山背大兄王の死は、入鹿暗殺事件と大いに関係があるのです。

第15章　乙巳の変――蘇我氏支配の終焉

◉蘇我氏の恐怖政治の幕を引いた中大兄皇子と中臣鎌足

乙巳《いっし》の変は、飛鳥時代の六四五年に中大兄皇子《なかのおおえのおおじ》と中臣鎌足らが蘇我入鹿《そがのいるか》を宮中で暗殺し、蘇我氏（蘇我宗家）を滅ぼした政変で、これにより蘇我氏四代の恐怖政治は終わりました。その後、中大兄皇子は体制を刷新して「大化の改新」と呼ばれる改革を断行しました。

蘇我入鹿が殺害された事件を「大化の改新」という場合もありますが、厳密には政変「乙巳の変」に始まる一連の政治制度改革が「大化の改新」であり、「乙巳の変」は「大化の改新」の第一段階です（詳細は次章）。

図11　住吉如慶・具慶『多武峰縁起絵巻』（左上は皇極天皇）
談山神社蔵・奈良女子大学学術情報センター（附属図書館）画像提供

多くの史家が指摘しているように、入鹿による専横政治は誰も抑える者がいなくなり、独裁が甚だしいものでした。その権勢は、天皇家を凌ぐほどになったといわれるのも無理からぬことです。

これまでの解釈は、古代ではこうした豪族はこのように野蛮な人間だったということです。そこには、蘇我氏が帰化人ゆえにこのような態度をとったという認識はありませんでした。個人的な横暴な性格だけでなく、蘇我氏に「太子をキリストのようにする」という志向があったわけです。仏教を奉じた太子であるのに蘇我氏は暗殺し、その後継者まで絶やしてしまいました。その差異の指摘こそが、日本の歴史を考えるうえで大事なことなのです。この暴力性は、この氏族の特有な苛立ちからであったからです。

天平宝字四年（七六〇年）に成立した『藤氏家伝』の「大織冠伝」には、蘇我入鹿の政を《董卓《とうたく》の暴慢既に國に行なはる》と批判する記述があり、中国の董卓に比肩する暴政としているのです。つまり、蘇我氏は日本人ではなく、外国人のやり方を行っているということを指摘していることになります。

しかし、暴力では動じない日本人がいました。

神祇を職とする一族の中臣鎌足は、蘇我氏の専横を憎み蘇我氏打倒の計画を密に進めました。鎌足はまず、軽《かる》皇子に接近しますが、その器量に飽き足らず、政変の中心にたりえる人物を探しました。

その人物が中大兄皇子です。法興寺の打毬《だきゅう》で、中大兄皇子の皮鞋が脱げたのを鎌足が拾って中大兄皇子へ捧げたという逸話がありますが、これが縁となって二人は親しむようになったといわれています。

中大兄皇子と鎌足は南淵請安《みなみぶちしょうあん》の私塾で周孔の教えを学び、その往復の途上に蘇我氏打倒の密談を行ったとされます。鎌足はさらに、蘇我一族の長老・蘇我倉山田石川《そがのくらやまだのいしかわ》麻呂《まろ》を同志に引き入れ、その娘を中大兄皇子の妃としました。

乙巳の変には、大臣（オホマヘツキミ）・蝦夷《えみし》の後継者が入鹿になったことに対する蘇我氏同族の氏上争いといった側面も見られます。中臣鎌足が、蘇我倉氏の石川麻呂と阿倍内麻呂を味方に誘い込みました。石川麻呂はもともと、蘇我蝦夷、入鹿らの専横をよく思っていませんでした。

中大兄皇子の狙いは、蝦夷と入鹿（蘇我氏本宗家）を倒すことを目的としていただけでなく、それまでの皇位継承の流れから考えると、同時に蘇我系王統嫡流の古人大兄皇子を引き入れるつもりがあったと考えられます。

◉『日本書紀』による入鹿暗殺の詳細

『日本書紀』によると、皇極天皇四年（六四五年）に三韓（新羅、百済、高句麗）から進貢（三国の調）の使者が来日したと書かれています。三国の調の儀式は朝廷で行われ、大臣の入鹿も必ず出席します。中大兄皇子と鎌足はこれを好機として暗殺の実行を決めたとされています（『大織冠伝』には三韓の使者の来日は、入鹿をおびき寄せる偽りであったとされています）。

皇極天皇四年六月一二日（六四五年七月一〇日）、三国の調の儀式が行われ、皇極天皇が大極殿に出御し、古人大兄皇子が側に侍し、入鹿も入朝しました。入鹿は猜疑心が強く、日夜剣を手放しませんでしたが、中大兄皇子は俳優（道化）に言い含めて剣を外させ、衛門府に命じて宮門を閉じさせます。

石川麻呂が上表文を読みますが、中大兄皇子は長槍を持って殿側に隠れ、鎌足は弓矢を取って潜みます。海犬養勝麻呂《あまのいぬかいのかつまろ》に二振りの剣を運ばせ、佐伯子麻呂と葛城稚犬《わかいぬ》養《かいの》網田《あみた》に与えました。佐伯氏は大伴氏の同族で、軍事で王権に仕えた氏族です。

稚犬養氏は犬の飼養で王権に仕え、のちに内蔵の管理にも当たった氏族ですが、「葛城」を冠しているところから、葛城地方に居住していた集団であり、本来は蘇我氏の影響下にある集団から、反本宗家の動きが出てきたことになります。

いずれの氏族も、のちの宮城十二門の守衛にあたる門号氏族であり、乙巳の変の際に「倶に十二の通門をさしかためて、往来はしめ」なかったのも、これらの氏族の協力があったと考えられます。

『日本書紀』の記述は、まるで芝居を見ているように描かれていますが、それだけこの場面への思い入れが強かったことが感じられます。

入鹿を斬る役目を任された二人は、飯に水をかけて飲み込みますが恐怖のあまりにたちまち吐き出すありさまでした。鎌足は二人を叱咤しましたが、石川麻呂が表文を読み進めても子麻呂らは現れません。石川麻呂は恐怖のあまり全身汗にまみれ、声が乱れ、手が震えたため不審に思った入鹿が「なぜ震えるのか」と問うと、石川麻呂は「天皇のお近くが畏れ多く、汗が出るのです」と答えます。

中大兄皇子は子麻呂らが入鹿の威を恐れて進み出られないのだと判断し、自ら躍り出ました。続いてようやく子麻呂らも飛び出し、入鹿の頭と肩を斬りつけます。入鹿が驚いて起き上がると、子麻呂が片脚を斬りました。

入鹿は倒れて天皇の御座へ叩頭《こうとう》し、「私に何の罪があるのか。お裁きください」と言ったそうです。すると中大兄皇子は、「入鹿は皇族を滅ぼして、皇位を奪おうとしました」と答えると、皇極天皇は無言のまま殿中へ退き、子麻呂と稚犬養網田は入鹿を斬り殺しました。この日は大雨が降って庭は水で溢れていましたが、入鹿の死体は庭に投げ出され、障子で覆いをかけられたそうです。

中大兄皇子が言った「天宗を尽し滅す（皇族を滅ぼし尽くした）」というのは、山背大兄王や上宮王家の討滅を指したものでしょう。それと自らが皇位と替わろうという野望を抱いていたと考えたのです。

斬られた入鹿は開口一番に、「皇位にあらせられるべきお方は天の御子（天皇）でございます」と訴えました。「皇位簒奪を企てた逆臣蘇我氏」と「それを誅殺した偉大な中大兄皇子とそれを助けた忠臣中臣鎌足」という出来事を描こうとしていることがわかります。

また、「私が何の罪を犯したというのでございましょう」という言葉は、入鹿からしてみれば天皇家への謀略を最後まで隠そうとしたセリフということになります。この劇的な終幕によって、天皇家の歴史に対する最大の危険な謀略が途絶えたことになります。

入鹿にとっては、これまでの多くの残虐な行為の復讐が不意にやってきたことは青天の霹靂《へきれき》であったにちがいありません。しかしそれを予想できなかったことは、日本人の忍耐強さと従順さとを取り違えたといわなければならないでしょう。

中大兄皇子や中臣鎌足にとって、蘇我氏はあくまで皇統に対して背いた逆賊であり、彼らのキリスト教ネストリウス派の真意に気づかなかったにせよ、二年前の山背大兄王とその一族郎党を滅亡させた罪だけでなく、聖徳太子の暗殺のなかに（周知のことであったはず）、そのことを感じていたのかもしれません。仏教ではなかったからこそ、強い反発心があったのでしょう。

◉蘇我本宗家の滅亡で始まった大化の改新

古人大兄皇子は私宮へ逃げ帰りましたが、このとき皇子は《韓人《からひと》、鞍作（入鹿）を殺しつ。吾が心痛し》（「韓人殺鞍作臣　吾心痛矣」）と述べたといいます。この言葉は古来謎の言葉とされていましたが、この「韓人」とは儀式の場に参列していた三韓の使節のことで、彼らが入鹿を殺したという報が語られていたと考えられ、殺人犯が中大兄皇子であったと知らされなかったのでしょう。

中大兄皇子はただちに法興寺へ入って戦備を固め、諸皇子、諸豪族の召集にかかりました。飛鳥板蓋宮《いたぶきのみや》ではなく法興寺が選ばれたのは、当時の氏寺に地塀があり、砦としてふさわしかったからかもしれません。

帰化人の漢直《あやのあたい》の一族は蝦夷に味方しようと蘇我氏の館に集まりましたが、中大兄皇子が派遣した巨勢徳多の説得により立ち去り、蘇我氏陣営にいた高向国押《たかむくのくにおし》も漢直を説得したため、蘇我家の軍勢は総崩れとなります。高向氏は蝦夷と同世代に分かれた蘇我氏同族氏族のなかでも有力な氏族であり、この氏族のなかから本宗家を総崩れに導く決定的な役割を果たしたものが出たことになります。

翌六月一三日（七月一一日）、蘇我蝦夷は館に火を放ち、『天皇記』『国記』にもあるように多くの珍宝を焼いて自殺しました。船恵尺《ふねのえさか》は火中から『国記』を拾い出して中大兄皇子へ献上したといいます。こうして長年にわたって強盛を誇った蘇我本宗家は滅びたのです。

『日本書紀』はさらに、翌六月一四日（七月一二日）、皇極天皇が軽皇子へ譲位され、皇子が孝徳天皇となられたことを伝えています。そして中大兄皇子が皇太子に立てられます。中大兄皇子は阿倍内麻呂を左大臣、蘇我倉山田石川麻呂を右大臣、中臣鎌足を内臣に任じ、のちに「大化の改新」と呼ばれる改革が断行されるわけです。

ちなみに入鹿暗殺以後、入鹿の首が中大兄と鎌足を追いかけまわし、二人は逃げたと伝えられています。しかしこれは、日本人のように禍根を「水に流す」ようなことをせず、多くのユダヤ系の権力者が起こす復讐の念が噂となって世間を騒がせたことをあらわしているのだと思われます。

明日香村・甘樫丘近くには、入鹿の首が力尽きて最後に落ちた場所に「入鹿の首塚」なる石塔も建てられています。菅原道真の怨霊を鎮めるために天満宮が建てられたのと同じ意味をもっているのです。

斉明元年（六五五年）には大空を龍に乗った何者かが出現、続いて斉明七年（六六一年）五月には笠を深くかぶった何者かが斉明天皇（先の皇極天皇と同一人物）の前に現れ、その二か月後に天皇は亡くなったといいます。

その葬儀のときも、その笠を深く被った者が出現したといいますが、日本人的ではなく、執拗なユダヤ人的な怨念が際立って見えるように思えます。

第16章　「大化の改新」とは何か
――聖徳太子の政治思想の実現の試み

◉三段階による大化の改新

「大化の改新」の始まりは、これまで述べてきたように崇峻《すしゅん》天皇、聖徳太子などを次々と暗殺し、あたかも天皇と同等の力を持っているかのような異常な行動をとっていた蘇我《そが》本宗家の入鹿《いるか》を皇極《こうぎょく》天皇の皇居において断首するという「乙巳《いっし》の変」によって滅亡させたことです（改新の第一段階）。

つまり、公然と天皇の御前で入鹿暗殺が行われたことは、蘇我氏ら豪族たちの政治に決着をつけ、それまでの氏姓制度を廃止し、天皇を中心とする律令国家成立を目指してはっきりと公地公民の日本に立ち向かったといっていいでしょう。

新たに即位した孝徳天皇は、大化元年（六四五年）、正月一日に政治の方針を示されました。日本で初となる元号の使用、男女の法の制定、鍾匱《かねひつ》の制の開始、仏法興隆の詔《みことのり》の発布、十師、国博士および内臣・左大臣・右大臣の新設、私地私民の売買の禁止、飛鳥から難波長柄豊碕《なにわのながらのとよさき》への遷都の決定など、さまざまな改革が進められました。蘇我氏のような豪族による国家の仕組みを改め、土地・人民の私有を廃止し、天皇中心の国家を目指すもので、大きく四か条の主文からなり、各主文ごとに副文（凡条）が附せられています（改新の第二段階）。

翌大化二年（六四六年）正月には、新政権の方針を大きく四か条にまとめた「改新の詔」も発布されました（改新の第三段階）。これについて詳しく検討していきます。

新都・難波長柄豊碕宮で発せられた「改新の詔」は、『日本書紀』に掲載されており、ヤマト政権の土地・人民支配の体制（氏姓制度）を廃止し、天皇を中心とする律令国家成立を目指す内容となっています。これにより、公地公民制、租庸調の税制、班田収授法などが提起されました。その後、藤原京から出土した木簡により、『日本書紀』に見える詔は多少の変更が加えられていると指摘されています。

改革そのものは、天皇を立てながら中臣鎌足（内臣）の主導のもと、両皇子（中大兄、大海人）の協力によって推進されました。この改革により、「日本」という国号および「天皇」という称号が正式なものになったのです。

中大兄皇子と中臣鎌足は皇極天皇を退位させ、皇極天皇の弟を即位させました（孝徳天皇）。その孝徳天皇即位の直後からを新たな時代の始まりとして、「大化」の年号を定めたわけです（大化の改新は狭義には六四五年－六五〇年の大化年間の改革のみを指しますが、広義には大宝元年〈七〇一年〉の大宝律令完成までに行われた一連の改革を含みます）。

改新の詔以外に、『日本書紀』において、孝徳天皇が出された詔（大化二年三月甲子条）があります。君主として万民を治めることは「独り制むべからず」として君主の独裁を否定し、臣の翼《たすけ》を得て倶《とも》に治めることで初めて神（天照大神ら皇祖神）の護《まもり》の力が得られるとしています。

これらの主張は、日本は神国でありその国を統治するのは神によって定められた「君臣共治」の組織こそが朝廷であり、これに従わない者は神に逆らう者として神罰を受け、朝廷を擁護・尊重する者は神慮によって統治に参画することが許されるとしています。

　そして、朝廷は天皇と臣下（この場合は、群神の子孫である豪族・貴族を指す）による統裁合議を経て統治が行われることが基本原則とされました。したがって、君臣共治を円滑に進めるためには、臣下のみならず君主である天皇にも皇祖の神意にふさわしい資格が必要であると考えられるようになったのです。

◉万世一系思想が支える君臣共治思想の実現へ向けて

『日本書紀』編纂に際して書き換えがあっても、基本的には孝徳期から天武・持統期にかけて大規模な改革が行われたことにより、のちの律令制へ継続する理念をもっていたことがわかります。

　このことについて、中国の王土王民から来たものとされていますがそうではなく、もともと日本において日高見国《ひたかみ》＝高天原《たかまがはら》の高御産巣日《たかみむすひ》－天照大神の末裔による万世一系思想があり、それが支える君臣共治思想を理念とすることが、この詔で明らかになりました。

・第一条《罷昔在天皇等所立子代之民処々屯倉及臣連伴造国造村所有部曲之民処々田荘》（口語訳：従前の天皇等が立てた子代の民と各地の屯倉、そして臣・連・伴造・国造・村首の所有する部曲の民と各地の田荘を廃止する）。
・第二条《初修京師置畿内国司郡司関塞斥候防人駅馬伝馬及造鈴契定山河》（口語訳：初めて京師を定め、畿内・国司・郡司・関塞・斥候・防人・駅馬・伝馬の制度を設置し、駅鈴・契を作成し、国郡の境界を設定することとする）。
・第三条《初造戸籍計帳班田収授之法》（口語訳：初めて戸籍、計帳、班田収授の法を造る）。
・第四条《罷旧賦役而行田之調》（口語訳：古い賦役、行田の調査をやめる、戸籍と計帳を作成し、公地を公民に貸し与える）という「班田収授の法」、公民に税や労役を負担させる制度の改革（租・庸・調）などがあります。

では、『日本書紀』の記述に即して、内容を検討していきましょう。

◉土地・人民の所有を廃止した第一条

第一条は、天皇・王族や豪族たちによる土地・人民の所有を廃止するものです。これは画期的なもので、ある意味で革命といえます。それまで、国内の土地・人民は天皇・王族・豪族が各自で私的に所有・支配しており、天皇・王族の所有地は屯倉、支配民は名代・子代と呼ばれ、豪族の所有地は田荘、支配民は部曲と呼ばれていました。

この土地所有のあり方の変更は、おそらく縄文時代の日高見国から大和国への継続的な土地のあり方、つまり天皇が各地の土地所有者との「共治」ともいうべき形態の改革です。土地・人民の私的な所有・支配を排除し、天皇による統一的な土地所有への転換、すなわち私地私民制から公地公民制への転換で、まさに国家が国民を支配する関係になることになるわけです。

ただ、この大化改新も実際にはすぐに変革されず、かなり後世まで豪族による田荘・部曲の所有が続いていました。しかも奈良時代中期の墾田永年私財法によって、土地の個人の所有が再度、認められるようになり、長続きしませんでした。

ある意味で、中国的な皇帝の土地所有制度は、日本ではこの大化改新で認められたものの、それは蘇我氏のような専横な施政者が生まれたときの対抗措置であったと考えられます。

◉首都の設置を定めた第二条

第二条は、政治の中枢となる首都の設置、畿内・国・郡といった地方行政組織の整備とその境界画定、中央と地方を結ぶ駅伝制の確立などについて定めたものです。この首都の設定は重要で、それまでの首都が必ずしも定着させる必要がなかったことを変更したわけです。また、それに基づく地方行政組織の整備が、やはり蘇我氏の専横によって侵食されていくことへの恐れが生じていたにちがいありません。具体的には、天皇の土地やその権限への統制が生じていた可能性がありますが、いずれにせよそれに対する中臣鎌足と中大兄皇子の危惧から生じたものでしょう。

最初に挙げられている首都の設置は、白雉《はくち》元年（六五〇年）の難波長柄豊碕宮《なにわのながらのとよさきのみや》への遷都により実現しました。

次に挙げられる地方行政組織ですが、畿内・国（令制国）・郡の設置が主要事項でした。畿内とは、東西南北の四至により画される範囲をいい、当時、畿内に令制国は置かれませんでしたが、畿内の外側には令制国が置かれました。令制国は、旧来の国造・豪族の支配範囲や山稜・河川に沿って境界画定作業が行われましたが、境界はなかなか定まらず、のちの天智天皇の頃になってようやく令制国が画定することとなります。

国の下に置かれていたのは郡で、大化当時は「評」と呼ばれ、令制国の画定よりも早い時期に設置されており、『常陸国風土記』や木簡史料などから、孝徳期のうちに全国的に「評」の設置が完了したものと見られています。

それまで、地方豪族は朝廷から国造《くにのみやつこ》などの地位を認められることにより、独自の土地や人々の支配を行ってきました。しかし、評の設置はそのような独自支配体制を否定し、豪族の地方支配を天皇による一元的な支配体制に組み込むこととなりました。評の設置により、地方豪族らは半独立的な首長から、評を所管する官吏へと変質することとなったのです。これが、のちの律令制における郡司の前身です（職名は「評督」などが想定されています）。

そのほか、本条に挙げられている項目では、駅伝制が整備されました。駅伝制の確立時期は七世紀後半頃の古代道路遺構が広い範囲で検出されていることから、改新の詔が契機となって交通制度の整備が進められた可能性があります。

◉第三条と第四条で定めた新たな税制

第三条は、戸籍・計帳という人々の住居の登録による公的な住民の存在の確認と、納税の方法の設定です。それを支配方式と呼ぶ必要はないでしょう。というのも、もともと天皇は人民を支配するための存在ではなく、君臣共治する存在であるからです。また、班田収授法という土地制度について定めています。全国的な戸籍の作成は、二十数年経過したあとの庚午年籍《こうごねんじゃく》（六七〇年）に最初にできます。これらのことから、大化当時には戸籍・計帳の作成や班田収授法の施行は実施されませんでしたが、何らかの人民把握（戸口調査など）が実施されただろうと考えられます。

第四条は、新しい税制の方向性を示す条文です。ここに示される田の調とは、田地面積に応じて賦課される租税であり、のちの律令制における田租の前身に当たるものとされています。

繰り返しますが、大化の改新は、遣唐使のもってきた情報をもとに唐の官僚的に受容したわけではありません。従来の氏族制度を一挙に改変することは現実的ではないため、これまでの日本のあり方のなかでの変更と考えられます。

また、政治制度の改革が進められる一方で、外交面では高向玄理《たかむこのくろまろ》が新羅へ派遣されて人質を取る代わりに、すでに形骸化していた任那の調を廃止して朝鮮三国（高句麗、百済、新羅）との外交問題を交渉し、緊張を和らげました。唐へは遣唐使を派遣し、友好関係を保ち。さらには越に渟足柵《ぬたりのさく》と磐舟柵《いわふねのさく》を設け、東北地方の蝦夷《えみし》に備えたのです。

◉暴力による朝廷支配を防ぐための大化の改新

ただ、改革は決して順調とはいえませんでした。大化四年（六四八年）の冠位十三階の施行の際に、左右両大臣が新制の冠の着用を拒んだと『日本書紀』にあることが、それを物語っています。

翌大化五年（六四九年）、左大臣阿倍内麻呂が死去し、その直後に右大臣蘇我倉山田石川麻呂が謀反の嫌疑がかけられ、山田寺で自殺する事件が起きました。のちに無実であることが明らかとなりますが、政情は不安定化し、この頃から大胆な政治改革の動きは少なくなり、六五〇年には年号が白雉《はくち》と改められました。

最後に、大化改新をどう評価されているか、述べておきましょう。

大化の改新は、幕末の紀州藩重臣であった伊達千広（陸奥宗光の実父）が『大勢三転考』によって初めてその歴史的価値を見出し、それが明治期に広まったとされています。

坂本太郎は昭和一三年（一九三八年）に『大化改新の研究』（至文堂）を発表し、改新を律令制の起源として評価し、中央集権的な古代日本国家形成に重要な一歩として位置づけました。これ以降、改新が日本史の重要な画期であるとの認識が定着していったのです。

戦後、一九五〇年代になると改新は史実性を疑われるようになり、坂本と井上光貞との間で行われた「郡評論争」により、『日本書紀』の改新の詔の記述に後世の潤色が加えられていることが強調されるようになりました。

また、原秀三郎は大化期の改革自体を『日本書紀』の編纂者による虚構としましたが（「改新否定論」昭和五二年〈一九七七年〉）、鎌田元一は論文「評の成立と国造」で改新を肯定する見解を表明し、その後の「新肯定論」が学会の主流となる端緒を開きました。

平成一一年（一九九九年）には、難波長柄豊碕宮の実在を確実にした難波宮跡での「戊申年（大化四年〈六四八年〉）銘木簡」の発見や、平成一四年（二〇〇二年）、奈良県の飛鳥石神遺跡で発見された庚午年籍編纂以前の評制の存在を裏づける「乙丑年《きのとうし》（天智四年〈六六五年〉）銘の「三野国ム下評大山五十戸」と記された木簡など、考古学の成果も「新肯定論」を補強しました。二一世紀になると、改新の詔の再検討をしながら大化・白雉期の政治的な変革を認める「新肯定論」が主張されています。

私も肯定論を支持しますが、さらにこの蘇我氏の専横が大きなきっかけとなっており、天皇中心の日本を豪族支配に傾けようとする恐怖政治を一気に変えようとした側面があったことを忘れてはなりません。

「君臣共治」の政治は、君、臣、どちらかに一方的になることは正しくありません。暴力で朝廷を支配することを制止するためには、天皇の地位に強い権限を与えることだったのです。大化の改新は、まさに天皇にいったんすべてを還元することによって彼らの力をそぐための賢明なる改革だったのです。

【著者略歴】

田中英道（たなか・ひでみち）

昭和17（1942）年東京生まれ。東京大学文学部仏文科、美術史学科卒。ストラスブール大学に留学しドクトラ（博士号）取得。文学博士。東北大学名誉教授。フランス、イタリア美術史研究の第一人者として活躍する一方、日本美術の世界的価値に着目し、精力的な研究を展開している。また日本独自の文化・歴史の重要性を提唱し、日本国史学会の代表を務める。著書に『日本美術全史』（講談社）、『日本の歴史 本当は何がすごいのか』『日本の文化 本当は何がすごいのか』『世界史の中の日本 本当は何がすごいのか』『世界文化遺産から読み解く世界史』『日本の宗教 本当は何がすごいのか』『日本史５つの法則』『日本の戦争 何が真実なのか』『聖徳太子 本当は何がすごいのか』『日本の美仏50選』『葛飾北斎 本当は何がすごいのか』『日本国史』『日本が世界で輝く時代』『ユダヤ人埴輪があった！』『左翼グローバリズムとの対決』『日本国史の源流』『京都はユダヤ人秦氏がつくった』『新 日本古代史』『日米戦争最大の密約』『日本国史』（上・下）『日本と中国　外交史の真実』（以上いずれも育鵬社）、『決定版 神武天皇の真実』（扶桑社）などがある。

聖徳太子は暗殺された　ユダヤ系蘇我氏の挫折

発行日　2023年２月10日　初版第１刷発行
発行日　2024年８月10日　　　第２刷発行

著　者　田中英道
発行者　秋尾弘史
発行所　株式会社　育鵬社
〒105-0022　東京都港区海岸1-2-20　汐留ビルディング
電話03-5843-8395（編集）　http://www.ikuhosha.co.jp/
株式会社　扶桑社
〒105-8070　東京都港区海岸1-2-20　汐留ビルディング
電話03-5843-8143（メールセンター）
発　売　株式会社　扶桑社
〒105-8070　東京都港区海岸1-2-20　汐留ビルディング
（電話番号は同上）
本文組版　株式会社　明昌堂
印刷・製本　サンケイ総合印刷株式会社

ISBN 978-4-594-09399-0

本書のご感想を育鵬社宛てにお手紙、Eメールでお寄せください。
Eメールアドレス　info@ikuhosha.co.jp